공부가 되는
창의력 백과

〈공부가 되는〉 시리즈 ㉟

공부가 되는
창의력 백과

초판 1쇄 발행 2012년 2월 3일
초판 4쇄 발행 2017년 12월 19일

지음 글공작소

책임편집 주리아
책임디자인 오세라

펴낸이 이상순
주　간 서인찬
편집장 박윤주
기획편집 한나비, 김한솔
디자인 유영준, 이민정
마케팅 홍보 이상광, 이병구, 오은애

펴낸곳 (주)도서출판 아름다운사람들
주소 (10881) 경기도 파주시 회동길 103
대표전화 (031)955-1001 **팩스** (031)955-1083
이메일 books777@naver.com
홈페이지 www.books114.net

ⓒ2012, 글공작소
ISBN 978-89-6513-152-6　63300

공부가 되는
창의력 백과

지음 글공작소 | **추천** 오양환 (前 하버드대 교수)

아름다운사람들

공부가 되는 창의력 백과

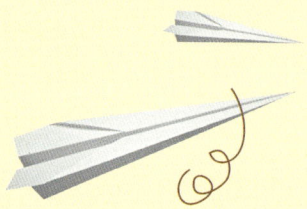

아이들이
『공부가 되는 창의력 백과』를
읽으면 좋은 이유

1 스티브 잡스의 창의성도 통섭과 융합에서 나왔습니다

통섭은 서로 다른 것을 하나로 아우르는 것이고, 융합은 서로 다른 것이 합해져서 새로운 하나가 되는 것을 말합니다. 21세기 최고의 창의력 아이콘으로 불리는 스티브 잡스의 창의력도 바로 통섭과 융합으로 이루어진 것입니다. 그는 과학과 인문학을 하나로, 기술과 예술을 하나로, 현실과 상상력을 하나로 융합하여 오늘날의 스마트폰을 만들어 내었습니다. 스티브 잡스는 초등학교 시절부터 갖가지 기계들을 조립하고 발명에 도전한 천재 엔지니어였지만, 문학과 인문학, 그리고 예술에도 심취했습니다. 한마디로 스티브 잡스는 어려서부터 좌뇌와 우뇌를 통합적으로 훈련하는 것을 멈추지 않았던 것입니다.

2 창의력 훈련의 종합 백화점입니다

모두들 창의력이 중요하다고 하지만 그 창의력을 어떻게 키우고 개발해야 할지에 대해서는 잘 알지 못합니다. 『공부가 되는 창의력 백과』는 모두가 갖추길 바라는 창의력을 어떻게 키우고 개발해야 하는지 그 방법을 알려줄 뿐만 아니라, '창의 미션'을 통해 스스로의 창의력 훈련도 도와주는 창의력 개발의 길잡이 책입니다. 이 책에는 '당연한 것에 왜? 라고 질문하기'부터 '생각의 벽 허물기', '뒤집어 생각하기', '멀리서 새로운 관점으로 바라보기', '융합, 서로 다른 것을 연결시키기' 등 창의력과 맞닿게 하는 생각의 로드맵과 함께 창의력의 샘이 되는 기발하고 다양한 사례와 아이디어들이 담겨 있어 창의력 훈련의 종합 백화점이라 할 수 있습니다.

3 좌·우뇌를 골고루 쓰게 하는 창의력 백과

『공부가 되는 창의력 백과』에는 좌뇌와 우뇌를 골고루 사용하도록 상상력을 자극하는 이야기와 논리적 사고를 동시에 키워 주는 질문들이 함께 담겨 있습니다. 상상력을 자극하는 이야기로는 우뇌를 발달시키고, 논리적인 질문을 통해서는 좌뇌를 발달시켜 좌·우뇌가 동시에 작동하도록 하고 있습니다. 그래서 이 책을 읽다 보면 자신도 모르게 좌·우뇌가 함께 발달하면서 창의성이 쑥쑥 자라게 됩니다. 오늘날 스티브 잡스와 빌 게이츠 같은 창의성의 거인들도 모두 다 어린 시절부터 이런 과정을 통해 성장했습니다.

4 공부의 즐거움을 깨치는 〈공부가 되는〉 시리즈

〈공부가 되는〉 시리즈는 공부라면 지겹게만 여기는 우리 아이들에게 공부의 즐거움을 깨쳐 주면서 아울러 궁금한 것이 많은 우리 아이들의 지적 호기심을 동시에 해결해 주는 책입니다. 공부의 맛과 재미는 탄탄한 기초 교양의 주춧돌 위에 세워질 때 그 효과가 배가됩니다. 그리고 그 기초 교양은 우리 아이들이 학습에서 자기 주도적 능력을 이끌어 내는 데 큰 밑거름이 됩니다. 『공부가 되는 창의력 백과』는 우리 아이들에게 무한한 상상력과 창의력을 자극하는 좌·우뇌의 훈련을 동시에 시켜 주는 책입니다. 부디 우리 아이들에게 이 책이 자신의 창의력을 무궁무진하게 기르는 좋은 주춧돌이 되기를 바랍니다.

좌뇌와 우뇌가 쑥쑥 발달하는

창의력의 세계로 함께 떠나 볼까요?

좌뇌, 우뇌가
쑥쑥!

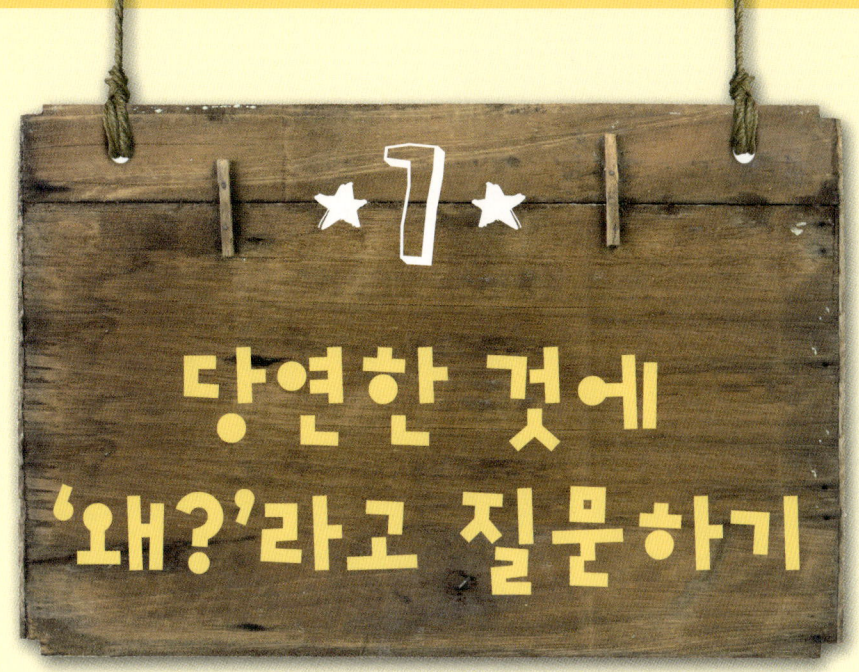

1

당연한 것에 '왜?'라고 질문하기

1 당연한 것에 '왜?'라고 질문하기

소원을 파는 가게

소원을 파는 가게가 있었어요. 그 가게의 메뉴에는 돈, 멋진 배우자, 지혜, 권력, 명예, 모험, 상상력, 유머, 예술적 재능 같은 것부터 친구와 우주여행하기, 좋아하는 배우 만나기, 유명한 가수되기, 100일간 세계 여행하기와 같은 구체적인 소원들까지 우리가 이루고 싶은 소원이면 거의 다 들어 있었어요. 그런데 안타깝게도 이 가게에서는 단 한 가지 소원만 살 수 있었어요. 그리고 그 소원을 사려면 젊음, 사랑, 영혼, 쾌락, 친구, 가족, 믿음 같은 자신이 가진 소중한 것을 내어놓아야 했어요.

여러분이라면 어떤 것을 내어놓고 어떤 소원을 빌까요?

이 질문을 어느 대학교수가 학생들에게 던졌어요. 그러자 대부분의 학생들이 자신이 원하는 한 가지를 이루기 위해 다른 한 가지를 내어놓겠다고 대답했어요. 그런데 이 질문에 유독 한 학생만이 다른 생각을 했어요.

'왜 꼭 한 가지 소원만 빌어야 하지? 난 돈도 많이 벌고 싶고, 멋진 배우자도 만나고 싶고, 지혜도 갖고 싶고, 권력도 명예도 다 갖고 싶은데…….'

한참을 생각해 보아도 자신은 어떤 것도 포기하고 싶지 않았어요. 그 소원을 파는 가게의 메뉴들은 자신에게 등수를 매길 수 없을 만큼 모두 중요한 소원들이라는 생각이 들었거든요. 그러고는 또 생각했어요.

'저 모든 소원을 다 사는 방법은 없을까? 그러려면 나에게 소중한 무엇을 내어놓아야 하지?'

학생은 결국 해답을 찾았어요.

그 학생은 모든 소원을 이루기 위해 '모험'이라는 소원을 선택했어요. 한곳에 머물지 않고 자신의 소원을 모두 이루기 위해 끝없는 모험을 선택한 것이지요. 그리고 그 모험을 사는 대가로 어쩌면 모든 인간이 갖고 싶어 할 '편안함'을 내어놓았어요. 누구에게나 편안함이나 안정은 소중한 것이지만 모험을 떠나는 사람에게는 함께 공존할 수 없는 가치이니 당연히 내어놓을 수밖에 없었지요.

어때요 여러분?

모두가 한 가지 소원만을 사야 한다고 고정된 생각을 할 때 이 학생은 먼저 '왜?' 한 가지여야 하는지에 대한 창의적인 생각을 하였고 그 덕에 기발하고 창의적인 답이 나올 수 있었어요.

그렇다면 여러분의 소원은 무엇이고, 그것을 이루기 위해 치러야 할 대가는 무엇인가요? 기발한 대답을 찾아보세요.

창의 미션

2미터짜리 막대기가 있어요. 이 막대기에 손을 대지 않고
짧게 만들 수 있는 방법은 무엇일까요?

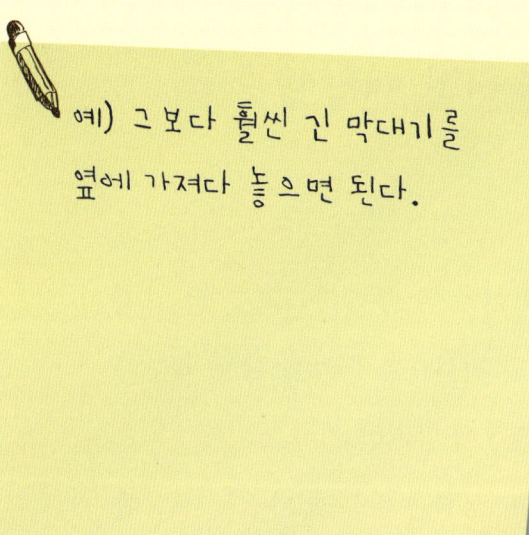

예) 그보다 훨씬 긴 막대기를
옆에 가져다 놓으면 된다.

1 당연한 것에 '왜?'라고 질문하기

 '왜?'라고 질문해 대학에 들어간 여학생

학교 성적은 그리 좋지 못했지만 창의적 능력을 높게 평가받아 대학에 합격한 고3 여학생이 있어요. 학교 성적이 조금 부족하더라도 한 가지 특출한 능력을 인정받으면 대학에서 특별 전형으로 인재를 뽑는 제도가 있는데, 이 여학생은 창의적 체험 활동 전형에 합격한 거예요.

이 여학생은 한 달에 한 번 시립 어린이 병원을 방문해 자원봉사를 했어요. 그러던 중 간호사를 도와 아기 환자를 목욕시키는 일을 하게 되었어요.

여학생은 아기를 안은 채 아기 욕조에 물을 받아야 했는데 너무나 불편했어요. 물을 받는 동안 샤워기를 손에서 놓으면 물이 사방으로 튀었기 때문에 샤워기를 놓을 수 없었어요. 그래서 한 손으로는 아기를 안고 다른 한 손으로는 샤워기를 잡고 있어야 했어요. 물을 다 받고 아기를 씻기는 과정에서도 마찬가지였어요.

여학생은 엄마 혼자 아기를 씻기려면 여간 힘든 게 아니겠다는 생각을 하게 되었어요. 그리고 이런 불편함을 없앨 수는 없을까 생각하다가 욕조에 샤워기를 고정시키는 장치를 생각해냈어요. 수많은 시행착오를 거쳐 결국 욕조에 고정해서 사용하는 고정형 샤워기와 뗐다 붙였다를 자유롭게 할 수 있는 집게형 샤워기 두 가지를 만들어 특허 신청을 했어요.

이 여학생의 도전은 그것으로 멈추지 않았어요. 조금만 생각을 바꾸면 주변에서 편리하게 사용할 수 있는 것들이 눈에 쏙쏙 들어왔거든요.

유모차에 기저귀나 젖병을 넣을 수 있는 마땅한 공간이 없는 것을 보고 탈부착식 유모차 가방을 만들기도 하고, 아기 이유식이 상하는 것을 막기 위한 보냉·보온이 가능한 파우치를 개발하는 등 여러 가지 용품들을 개발해냈어요. 물론 그것들은 상품화되어 인터넷 쇼핑몰을 통해 잘 팔리게 되었지요.

대학에서는 이러한 여학생의 활동을 높이 평가했어요.

특별히 상을 받은 것은 아니지만, 일상생활에서 보고 느낀 불편을 스스로 해결해 나가려는 창의성과 잠재력이 돋보인 학생이라고 평가하며 대학 합격 이유를 밝혔어요.

이 여학생은 다른 사람들이 당연히 불편하다고 생각했던 것을 그냥 넘어가지 않았어요. 샤워기를 들고 아기를 씻기는 것이나 유모차에 수납공간이 없는 것을 당연하게 여기지 않았어요. 자신이 겪은 불편에 대한 생각을 바꿔 불편하지 않게 할 방법을 찾은 거지요.

창의력은 이렇게 우리가 겪는 일상의 일들을 당연하게 여기지 않고 '왜?'라는 물음을 갖는 것으로부터 출발해요.

에디슨이 '왜 우리는 밤에도 낮처럼 환하게 지낼 수 없지?'라는 물음을 가진 것처럼 말이에요. 또 라이트 형제가 '왜 우리는 새처럼 날 수 없는 거지?'라고 생각한 것처럼 말이지요.

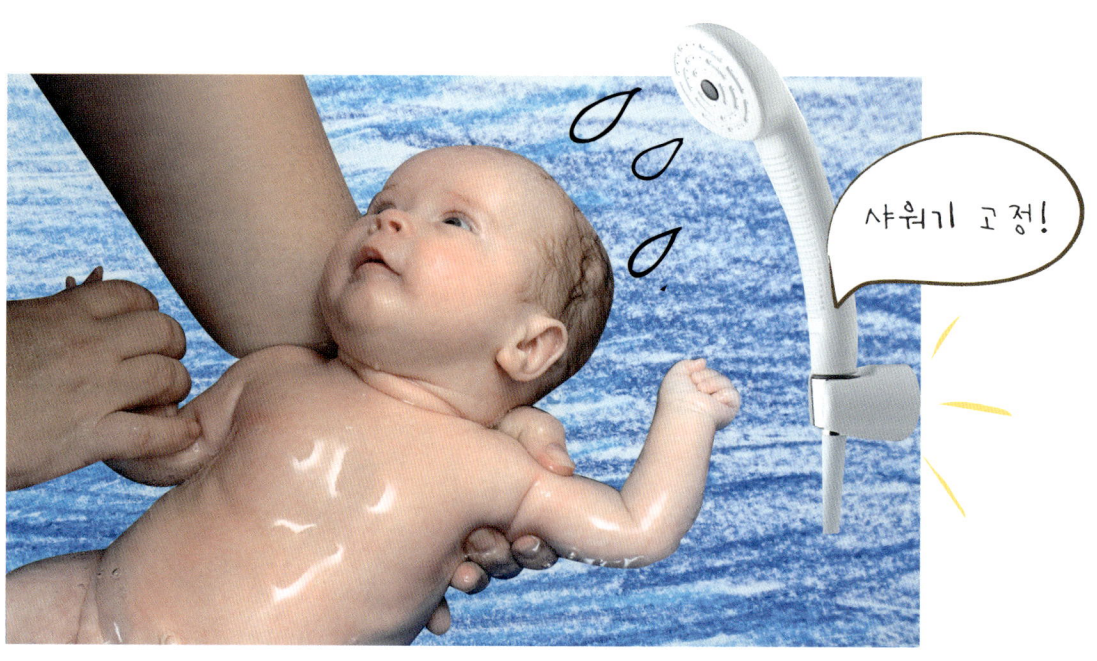

창의 미션

우리가 생활하던 중에 무언가 불편하다고 생각한 것이 있었나요?
생각해 보고 그것을 어떻게 바꾸면 좋을지 적어 보세요.

예) 리모컨이나 센서를 이용해
누운 채로도 전깃불을
끌 수 있게 만든다.

1

당연한 것에 '왜?'라고 질문하기

! 가장 위대한 '왜?'

세계 최고의 갑부이자 컴퓨터 천재라 불리는 빌 게이츠의 회사에는 '미래의 방'이라는 곳이 있어요. 이곳은 빌 게이츠가 10년 후 미국 가정의 모습을 상상하여 만들어 놓은 곳으로 그곳에 자주 들려 자신이 만들고 싶은 미래를 상상한다고 해요.

그러던 어느 날, 빌 게이츠의 미래의 방에 방문한 한 소년이 있었어요. 그 소년은 난치병을 앓고 있었는데 과학자가 꿈이었어요. 그래서 빌 게이츠를 만나는 것이 소원이었지요. 소년의 이 소원은 난치병 아이들의 소원을 한 가지씩 들어주는 한 사회 복지 단체에 의해서 1년여 만에 이루어졌어요.

빌 게이츠를 만난 그 소년이 물었어요.
"삶의 목표가 무엇인가요?"

그러자 빌 게이츠는 망설임 없이 대답했어요.

"세상 모든 사람들이 행복하게 살 수 있도록 돕는 것이지. 나는 과학과 창의적인 생각이 사람들을 행복하게 만들어 줄 거라고 믿는단다."

빌 게이츠의 대답은 그가 언제나 생각하고 있던 것이었어요. 빌 게이츠는 아직 아무도 해결하지 못한 위대한 물음을 자신과 세상에 물었고, 미래의 방에서 매일매일 "왜 모든 사람이 행복할 수는 없을까?"라는 물음을 해결하기 위해 고민하고 있었어요.

그러나 처음부터 빌 게이츠가 그런 거창한 물음을 가졌던 것은 아니었어요. 그의 첫 의문은 "왜 컴퓨터는 저렇게 커야 하지?" 였어요.

빌 게이츠는 열세 살 때 처음으로 컴퓨터를 접했어요. 그 당시 컴퓨터는 연구소나 학교에만 하나씩 놓여 있었는데 한쪽 벽면을 가득 채울 만큼 커다란 컴퓨터였어요. 하지만 빌 게이츠는 그것을 당연하게 생각하지 않았어요.

"왜 꼭 컴퓨터는 저렇게 커야 하지?"

빌게이츠는 자그마한 컴퓨터를 집집마다 사용하는 꿈을 꾸었어요. 그리고 그런 세상을 만들기 위해 학교까지 그만두고 열심히 노력했어요.

그때 사람들은 빌 게이츠의 생각을 허무맹랑한 공상이라고 비웃었어요.

하지만 빌 게이츠가 상상하던 세상이 왔고 결국 개인용 컴퓨터의 시대가 열렸을 때, 누구라도 쉽게 컴퓨터를 사용할 수 있는 운영체제를 만들어 세계 최고의 부자가 되었어요.

그렇게 자신이 꿈꾼 세상을 만들었지만 빌게이츠의 '왜?'라는 물음은 거기서 그치지 않았어요. 세계 최고의 부자가 된 후에도 그는 아무도 풀지 못한 문제에 '왜?'라는 질문을 던졌어요.

"왜 사람들은 가난하고 병들고 굶주려야 하지?"

주위를 둘러보면 배불리 먹고 많은 돈을 손에 쥐고 살아가는 사람들이 많은데 아프리카나 아주 가난한 나라의 사람들은 굶고 병들어가며 최소한의 삶도 보장받지 못하는 걸 보고 생각한 것이었어요.

'부자가 있으면 가난한 자가 있고 잘사는 나라가 있으면 가난한 나라가 있다'는 것이 사람들에게는 당연한 것으로 받아들여졌지만 빌 게이츠는 '왜?'라는 물음을 던진 거예요. 빌 게이츠는 자기 재산의 일부를 기부하는 차원이 아니라 인류가 시작된 이래 아무도 풀지 못한 그 문제를 근본적으로 해결할 방법을 찾고 있는 것이에요.

그는 회사의 대표 자리에서 물러나자 곧바로 그 물음을 해결하기 위해

온갖 노력을 기울이고 있어요. 우선은 약이나, 음식 등 생존을 위한 가장 기본적인 것들조차 없는 사람들에게 물품을 지원하는 일부터 하면서 말이지요.

오늘도 그는 그가 만들어 놓은 미래의 방에서 인류가 어느 누구도 굶주리지 않고 행복한 삶을 사는 방법을 찾고 있어요.

여러분은 빌 게이츠의 그 꿈이 꼭 이루어질 거라는 생각이 드나요?

여러분의 미래의 방에는 어떤 상상으로 가득 차 있나요? 또 모두들 당연히 여기는 것에 어떤 '왜?'라는 질문을 던질 건가요?

창의 미션

세상 사람들을 모두 행복하게 만들 수 있는 방법이나
발명품들은 없을까요? 적어 보세요.

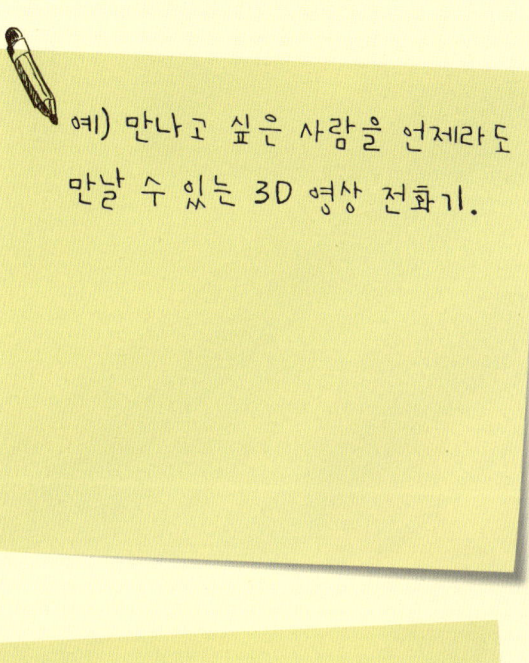

예) 만나고 싶은 사람을 언제라도 만날 수 있는 3D 영상 전화기.

2

생각의 벽 허물기

2 생각의 벽 허물기

익숙한 것에서 벗어난 수영법

1908년 런던 올림픽의 배영 100미터 최고 기록은 1분 24초.

1920년 엔트워프 올림픽 1분 15초.

1928년 암스테르담 올림픽에서의 기록은 1분 8초.

이때까지 올림픽 수영 종목 중 배영 100미터에서 1분의 벽은 인간이 가진 한계의 의미로 받아들여졌어요. 세계에서 수영을 제일 잘하는 선수들을 모아 놓은 올림픽에서도 누구도 1분에서 더 빨리 들어오지 못했거든요.

하지만 1938년, 아무도 깨지 못할 거라 생각했던 1분의 벽은 어이없이 무너지고 말았어요. 그때까지만 해도 수영 선수들은 반환점에 손을 댄 뒤 회전하는 게 보통이었어요. 그런데 아돌프 키에퍼라는 선수는 이것에 대해 의문을 가졌어요.

'꼭 손으로 반환점을 터치해야 할까?'

한참을 고민하던 아돌프 키에퍼는 지금까지의 방식에서 벗어나 새로운 방식으로 반환점을 돌았어요. 바로 반환점을 얼마 앞둔 지점에서 몸을 회전해 발로 반환점을 터치하는 방식이었어요. 손 대신 발을 사용해 반환점을 터치하는 아주 단순한 생각이었지만 그 이전 선수들 누구도 그러한 방식을 생각하지 못했던 거지요.

이 방식이 지금은 누구나 당연하게 사용하고 있는 '플립 턴' 방식이에요. 이 플립 턴의 사용으로 결국 1분의 벽을 깨고 수영의 속도 혁명을 이끌 수 있었어요. 이 속도 혁명은 그저 익숙한 것에서 벗어나 아주 조금 다른 방법을 생각해 본 것에서 시작되었어요. 익숙한 것에서 벗어날 때 비로소 새로운 길이 보이는 것이지요.

창의 미션

자동차 사고를 없앨 기발한 아이디어를 적어 보세요.

예) 자동차의 앞과 뒷부분에 같은 극의 자석을 붙여 자동차가 서로 부딪히지 않도록 만든다.

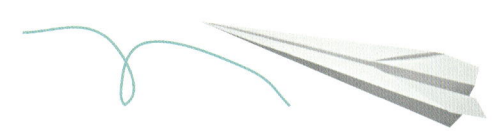

2 생각의 벽 허물기

! 비행기 모양이 아닌 종이비행기

광고는 짧은 시간에 사람들의 이목을 집중시켜야 하는 만큼 번뜩이는 아이디어와 창의적 능력이 무엇보다 필요한 일이에요. 미국의 광고계에서 창의적 발상의 대가로 알려진 유명한 광고인이 있어요. 바로 잭 포스터예요.

수많은 광고에서 번뜩이는 창의력을 인정받은 잭 포스터는 미국의 창의 클럽이 수여하는 '올해의 광고인'으로 뽑힌 것을 비롯해 수많은 상을 휩쓴 미국 광고계의 대표적인 인물이에요. 잭 포스터는 카피라이터로 광고계에 들어가 오랫동안 광고 감독을 해 왔어요. 또한 캘리포니아 대학과 UCLA에서 학생들에게 광고 제작 과정을 가르쳤으며, 40여 년간 광고계에서 경험한 창의적 아이디어 발상에 관한 노하우를 담은 책들을 펴내기도 했어요. 그는 늘 앉으나 서나 창의적인 발상, 기발한 상상력을 강조했지요.

그런 그가 광고계에 있을 때 남긴 유명한 일화가 있어요.

잭 포스터는 평소처럼 여러 사람들과 만들어 내야 할 광고에 대해 아이디어 회의를 하고 있었어요. 하지만 좀처럼 신선한 의견이 나오지 않자 잭 포스터는 한 가지 제안을 했어요.

"종이비행기를 접어서 회의실 끝까지 날려 보십시오."

사람들은 의아해했지만 그의 말대로 여러 종이비행기를 접어 날렸어요. 그런데 회의실이 워낙 넓었던 터라 종이비행기는 회의실의 반도 날아가지 못했어요.

이 모습을 지켜보고 있던 잭 포스터가 종이비행기를 날렸어요. 잭 포

스터가 날린 종이비행기는 회의실 끝까지 날아갔어요.

그는 어떤 종이비행기를 접었을까요?

잭 포스터는 다른 사람들과 달리 종이를 야구공처럼 돌돌 말아 힘껏 던진 것이었어요. 야구공 모양의 종이비행기를 던진 잭 포스터는 사람들에게 말했어요.

"종이비행기가 꼭 비행기처럼 보여야 할 이유가 있습니까?"

비슷비슷한 생각, 뻔한 이야기를 너무도 싫어한 잭 포스터는 종이비행기를 통해 남들과 다르게 생각하는 발상의 전환에 대해 이야기를 한 것이었어요.

창의 미션

휴대폰 모양이 꼭 지금의 모양이어야 할까요?
여러분만의 독특한 휴대폰을 그려 보세요.

2 생각의 벽 허물기

❗ 물독을 깨뜨린 아이

아이들이 마당에서 술래잡기를 하고 있었어요.

"꼭꼭 숨어라. 머리카락 보인다!"

술래 아이가 눈을 가리고 있는 동안 아이들이 새 떼처럼 흩어졌어요. 한 아이는 헛간에 숨었고 다른 아이는 감나무 뒤에 숨었지요. 또 뒷마당으로 달려간 아이도 있었고 부엌 한쪽에 숨은 아이도 있었어요.

술래잡기를 하던 아이들 중 가장 작은 아이도 숨을 곳을 찾아 두리번거렸어요. 그때 마당 한쪽에 놓인 커다란 물독이 작은 아이의 눈에 들어왔어요.

'옳지, 저 물독 안에 숨으면 아무도 못 찾겠지?'

작은 아이는 물독 속으로 쑥 들어갔어요. 그런데 물독에는 작은 아이의 키를 훌쩍 넘는 높이의 물이 가득 채워져 있었어요. 아이는 물에 빠져 정신없이 허우적거렸어요.

"사람 살려! 사람 살려!"

이 소리를 듣고 다른 아이들이 몰려들었어요. 물독 주변으로 몰려든 아이들은 어찌할 바를 모르고 발만 동동 굴렀어요. 공포에 질려 우는 아이들도 있었고, 어떤 아이는 후다닥 어른을 부르러 달려가기도 했어요. 그사이 물독에 빠진 아이는 힘이 빠져 물속으로 가라앉고 있었어요.

바로 그 순간, 한 아이가 침착하게 다가가 커다란 돌로 물독을 쾅 내리쳐 깨뜨렸어요. 이렇게 해서 익사 직전의 아이는 무사히 구조되었어요.

물독을 깨뜨린 이 아이가 바로 북송 시대의 대학자이자 『자치통감』이란 책을 남긴 사마광이에요.

 달걀을 세워 보라는 제안에 갸름한 달걀을 깨뜨려 세운 콜럼버스, 아무도 풀지 못하는 고르디우스의 매듭을 칼로 잘라 버린 알렉산더 대왕 역시 사마광처럼 정해진 틀 안에서만 생각하는 습관을 버리고 창의적인 생각을 했던 인물이지요.

창의 미션

다섯 개의 정사각형으로 꾸며진 아래의 그림을 네 개의 막대를
움직여서 똑같은 크기를 가진 네 개의 정사각형으로 만들어 보세요.

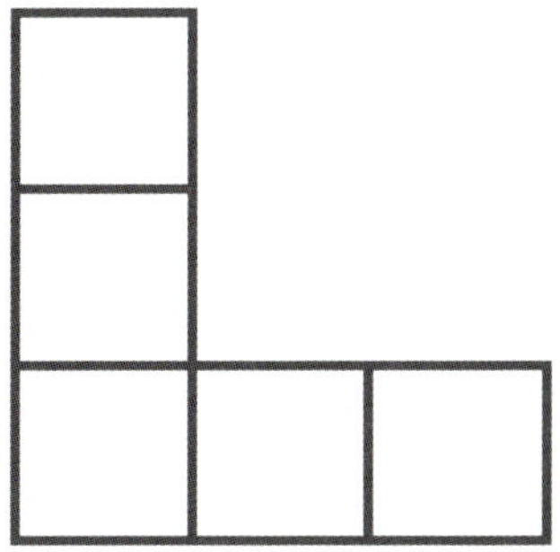

2 생각의 벽 허물기

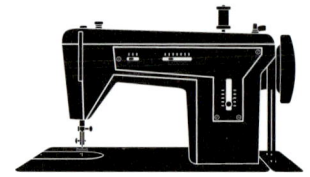

코르셋을 벗어던진 샤넬

1920년대 프랑스의 휴양지 도빌에 작고 개성적인 옷 가게가 새로 생겼어요. 이 옷 가게에서는 여성들을 위한 새로운 옷을 선보였지요. 그 당시 여성들은 몸을 꽉 조인 코르셋 위에 옷을 입어야 했고, 긴 치마를 입고 불편하게 걸어야 했으며, 항상 가방을 손에 들고 다녀야 했어요.

그런데 그 옷 가게에서 선보인 옷은 여성들의 불편함을 해소시켜 주는 아주 파격적인 옷이었어요. 무릎 근처까지 올라오는 치마, 활동이 자유로운 여성용 바지, 끈을 매달아 어깨에 멜 수 있는 가방으로 전부 단순하면서도 편하고 활동하기 좋은 것이었지요. 지금은 어디서나 볼 수 있는 평범한 옷과 소품이지만 당시에는 그런 옷들과 가방은 상상도 할 수 없었어요.

이런 파격적인 옷을 만들어 낸 사람은 바로 가브리엘 샤넬이에요. 그녀가 만든 옷들은 큰 인기를 끌며 1920년대 최고 유행 패션이 되었어요.

샤넬 하면 빼놓을 수 없는 것이 한 가지 더 있어요. '샤넬 넘버 5'라는 향수예요. 당시에 한 가지 향기밖에 없었던 향수에서 벗어나서 다양하고 오묘한 향을 낼 수 있는 향수를 개발한 거예요.

샤넬은 전문적으로 옷 만드는 공부를 한 사람이 아니었어요. 샤넬은 어린 시절을 굉장히 어렵게 보냈어요. 샤넬이 열두 살 때 어머니가 세상을 떠났고, 그러자 아버지는 샤넬을 포함한 세 자매를 고아원에 맡겨 버렸어요. 샤넬은 고아원에서 자랐고, 열여덟 살 때부터 일을 하기 시작했어요. 옷을 만드는 양재사 밑에서 심부름을 도맡아 하는 보조 양재사로 일했어요.

열심히 옷 만드는 기술을 배운 샤넬은 얼마 지나지 않아 자신의 가게를 차리게 되었어요. 쉬는 날 없이 열심히 일에만 몰두한 결과였어요. 샤넬은 디자인할 때 다른 양재사들처럼 먼저 그림을 그리지 않고, 몇 시간이고 모델에게 디자인 중인 옷을 입혀 보고 고치는 식으로 일을 했어요. 그래서 단순하고 편안한 옷을 만들 수 있었어요. 또한 샤넬의 옷들은 바느질이 완벽하게 되어 있어서 입는 사람들마다 모두 칭찬을 아끼지 않았지요.

옷은 단순히 예뻐야 한다는 생각을 뒤집어 옷이 예쁘면서도 편할 수는 없는 것인지 고민한 결과였어요. 밤새 일을 하면서도 옷을 사람의 몸에 맞춰야 한다는 자신의 생각을 버리지 않고 누구나 편안하게 활동할 수 있는 옷을 만든 샤넬 덕분에 우리는 지금처럼 편안한 옷을 입을 수 있게 되었어요.

새로운 패션을 만들어 냈던 그녀는 지금은 세상을 떠났지만 그녀가 만들어 낸 스타일은 지금도 남아 많은 사람들의 사랑을 받고 있어요.

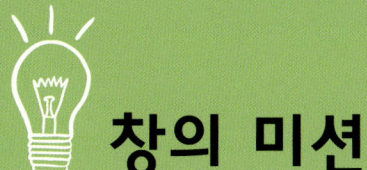

창의 미션

미래의 옷은 어떻게 변할까요? 적거나 그려 보세요.

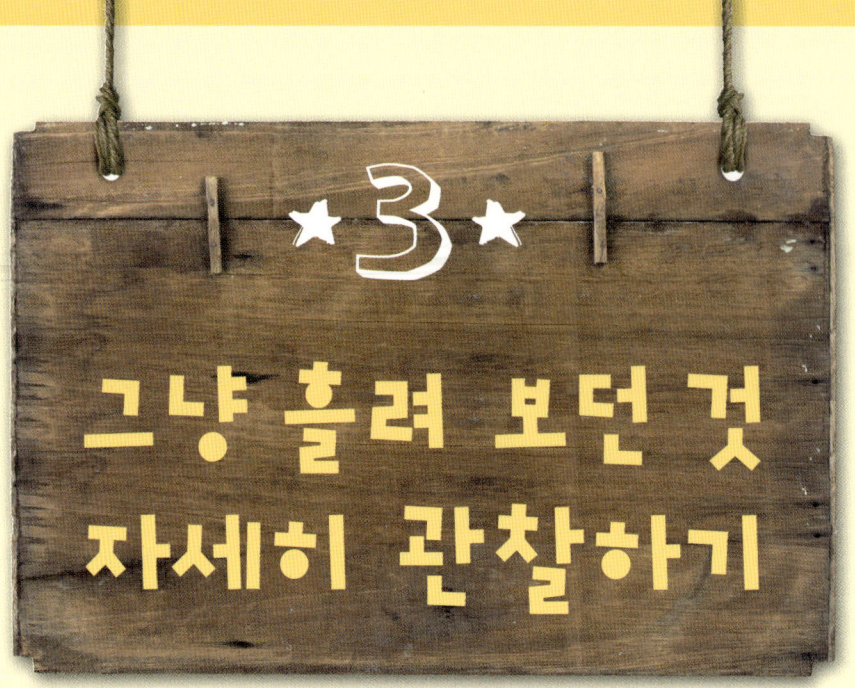

★3★

그냥 흘려 보던 것
자세히 관찰하기

3 그냥 흘려 보던 것 자세히 관찰하기

! 양치기 소년의 통찰

열세 살의 소년 조셉은 캘리포니아의 한 목장에서 양치기로 일하고 있었어요. 조셉은 초등학교를 졸업한 후 더 이상 학교를 계속 다닐 수 없었어요. 집안 형편이 어려워 목장에서 일을 하며 돈을 벌어야 했기 때문이지요.

조셉은 양들이 한가로이 풀을 뜯으면 옆에 앉아 책을 읽곤 했어요. 그런데 감시가 소홀한 틈을 타 양들이 곧잘 울타리를 뚫고 나가 남의 밭을 짓밟아 놓았어요. 그때마다 조셉은 주인에게 심한 꾸지람을 들었어요.

그래서 조셉은 양들이 울타리를 넘어가지 않도록 할 좋은 방법이 없을까 생각하며 양들을 유심히 관찰하기 시작했어요. 늘 양들을 찬찬히 바라보며 매일매일 관찰한 결과, 한 가지 사실을 깨닫게 되었어요. 그건 바로 가시나무가 자라 있는 울타리로는 양들이 절대 다가가지 않는다는 것이에요.

"울타리 전체에 가시나무를 심을까? 아냐, 이 넓은 목장에 언제 그걸 심어.”

이런저런 궁리를 하던 끝에 조셉은 철사에 가시철사를 엮어 가시나무 같이 만드는 방법을 생각해 냈어요. 조셉은 곧 철사를 사서 실험해 보았어요. 조셉의 생각대로였어요. 양들은 가시가 달린 철사 울타리 쪽으로는 절대 가지 않았어요. 이제 양들이 남의 밭을 망쳐 놓을 일이 없을 거라는 생각에 조셉은 만족스런 미소를 지었어요.

다음 날, 주인이 조셉이 만든 철사 울타리를 보고 깜짝 놀라 물었어요.

“조셉, 네가 만든 거냐?”

“네.”

“대단한 발명을 했구나! 당장 아버지를 모시고 오너라. 어쩌면 이제 넌

가시철사!

학교에 다닐 수 있을지도 모른다. 저 가시철사로 만든 것은 분명 어마어마하게 팔릴 거야! 특허를 내면 조셉 넌 부자가 될 수 있어!"

조셉이 발명한 것은 바로 철조망이었어요. 조셉은 주인의 도움을 받아 특허를 냈고 이어서 철조망 생산 공장도 차렸어요.

조셉이 만든 철조망은 사람들에게 알려지자마자 폭발적인 인기를 끌어 엄청난 수입을 올렸어요. 게다가 1914년에 제1차 세계 대전이 터지자 철조망의 사용량은 전보다 폭발적으로 늘었지요. 전쟁이 계속되었던 4년 동안 조셉의 철조망은 전쟁에 사용된 포탄보다 훨씬 더 많이 팔렸어요.

이렇게 해서 조셉이 번 돈은 그 액수를 짐작할 수 없을 정도로 어마어마했어요. 돈을 관리해 주는 열한 명의 회계사가 일 년 내내 정리하고 계산해도 끝나지 않았을 정도라고 해요.

이처럼 세상의 모든 발명은 아주 사소한 것에서부터 시작돼요. 어떻게 보면 가시나무를 보고 떠올린 단순한 생각일지 모르지만 그 사소한 생각 하나가 학교도 제대로 다니지 못한 조셉을 큰 부자로 만들어 주었어요. 이렇듯 일상 속에서 무언가 불편한 점이 있다면 그냥 지나치지 말고 유심히 살펴보세요. 유심히 관찰하고 생각하는 습관을 들이면 어느새 명쾌한 해결 방법이 떠오를 테니까요.

창의 미션

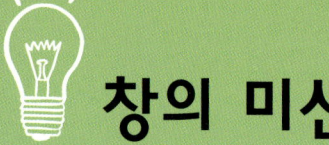

우리 집을 자세히 관찰해 그려 보고, 우리 집을 세상에서 가장
특별한 집으로 짓는다면 어떻게 지을지 그려 보거나 적어 보세요.

 자연을 통해 얻은 창의적 건축물

호주 멜버른에는 아주 유명한 건축물이 있어요. 친환경 건축물의 대표적인 예로 꼽히기도 하는 이 건물은 에어컨 없이도 하루 종일 선선한 24도를 유지하는 멜버른 제2 시청사 건물이에요.

이 건물은 세계에서 가장 창의적인 건축가로 알려진 믹 피어스가 지은 건축물이에요. 믹 피어스는 어떻게 에어컨 없이 덥지 않게 지낼 수 있는 건물을 지을 수 있었을까요?

바로 개미들의 집에서 힌트를 얻은 것이었어요. 믹 피어스는 1990년대에 아프리카에서 건물 짓는 일을 하게 되었어요. 그는 건물을 지으면서 생각했어요.

'이렇게 하루 종일 무더운 날씨를 지닌 나라에서 24시간 내내 에어컨을 튼다면 환경에도 좋지 않은 영향을 줄뿐더러 전기요금도 많이 나올 테니 안 되겠지. 그러니 되도록 자연적인 방법을 이용해서 시원한 환경을 만들어야겠다.'

믹 피어스가 긴 생각 끝에 고안해 낸 것이 흰개미들의 집이었어요. 흰개미들을 관찰하여 응용한 거예요.

흰개미들은 탑처럼 높은 집을 지었는데 그 높이가 3미터를 넘었어요. 이렇게 높은 흰개미들의 집은 공기의 흐름을 조절해 집 안의 온도를 일정하게 유지하는 완벽한 냉난방 기술을 갖추고 있었어요. 공기의 순환을 이용한 숨 쉬는 집 짓기 방식이었지요. 믹 피어스는 여기에 산소를 들이마시고 이산화탄소를 내뿜는 인간의 허파 기능을 합쳤어요.

이렇게 응용해서 믹 피어스는 호주의 멜버른 제2 시청사를 지었고, 그의 아이디어는 대성공을 거두었어요. 그가 지은 이 건물은 세계에서 가

아, 시원해!

장 창의적이고 친환경적인 건물로 알려져 있는데 곡선으로 이루어진 천장이 독특한 느낌을 줘요. 에어컨 하나 없지만 실내 온도는 언제나 24도를 유지하지요. 건물 자체가 살아 있는 것처럼 일정한 온도를 유지하는 덕에 냉난방비는 일반 건물의 10퍼센트 정도밖에 되지 않아 에너지 절약 효과에도 만점이에요.

이렇게 자연에게서 힌트를 얻어 만들어진 발명품은 이 외에도 많이 있어요.

우리의 옷이나 신발 등에 단추 대신 사용하는 것으로 편리하게 떼었다 붙였다 하는 일명 찍찍이라는 것이 있어요. 이것의 정식 명칭은 '벨크로'라고 해요. 벨크로는 스위스의 게오르그 데 메스트랄이라는 사람이 우연히 갈퀴덩굴의 씨주머니가 옷에 붙는 것을 보고 영감을 얻어 발명한 거예요. 그는 직조한 나일론을 가공해 고리와 고리를 복제하는 방법으로 벨크로를 만들어 냈어요. 한쪽은 갈고리 모양이고 다른 한쪽은 엉켜 있는 실 모양으로 이루어져 갈고리 부분이 그곳에 닿으면 서로 엉켜서 잘 떨어지지 않게 되어요. 벨크로의 발명으로 우리 생활은 전보다 훨씬 더 편리해질 수 있었어요.

이런 식으로 무언가를 관찰해 우리 생활을 편

리하게 만든 것들이 많이 있어요.

　창의력은 모든 사물을 제대로 관찰하는 것에서 출발할 수 있어요. 이제부터 여러분도 동물이든 식물이든 혹은 우리들이 늘 그냥 스쳐보는 모든 것들을 자세히 관찰하고 기록하는 습관을 가져 보세요. 그러다 보면 새로운 것을 발견하거나 발명하게 될지도 몰라요.

창의 미션

손오공은 자신의 머리털을 뽑아 여러 명의 손오공을 만들었어요.
손오공처럼 여러 명의 나를 만들려면 어떤 방법이 있을까요?

예) 거울 두 개를 마주 보게 한 뒤 그 사이에 서 있는다.

❗ 관찰과 상상력의 귀재, 베르나르 베르베르

『개미』, 『뇌』, 『나무』 등을 쓴 프랑스의 천재 작가 베르나르 베르베르는 전 세계인의 사랑을 받고 있는 베스트셀러 작가예요. 그가 쓴 작품은 30개 이상의 언어로 번역되었고, 출간하는 즉시 베스트셀러를 기록하고 있지요.

그런 그를 베스트셀러 작가로 발돋움하게 해 준 그의 첫 소설 『개미』는 10년이 넘는 오랜 시간 동안 개미를 관찰해서 쓴 소설이에요.

어느 날, 베르나르는 아침 운동을 하려고 집을 나섰어요. 그런데 문을 열자마자 깜짝 놀라고 말았지요. 어제 간식으로 먹다가 흘린 빵 부스러기에 개미들이 와글와글 몰려들어 있는 것이었어요.

베르나르는 운동을 가려던 것도 잊은 채 개미들을 관찰하기 시작했어요. 줄을 이어 행진하는 개미들, 빵 부스러기를 뜯어내는 개미들, 자기 몸보다 더 큰 빵 부스러기를 들고 기어가는 개미들……. 베르나르의 눈에는 부지런히 움직이는 작은 개미들이 정말 신기해 보였어요. 결국 베르나르는 개미집을 파서 자기 방에 들여놓았어요. 그리고 매일같이 개미를 관찰했어요.

"개미는 어떤 생각을 할까? 왜 저렇게 행동하지?"

베르나르는 궁금증을 마음에 품고 개미를 바라보다 문득 생각이 떠올랐어요.

"개미를 소재로 한 소설을 써 봐야지. 내가 개미가 된 것처럼 소설을 쓰는 거야."

그 후, 아침마다 운동을 다녀오면 개미를 관찰하고 소설을 쓰기 시작

했어요.

　시간이 흘러, 베르나르는 기자가 되었어요. 특히 과학 분야에 관심이 많았던 베르나르는 개미뿐만이 아니라 우주 정복, 인공 지능, 의학을 주제로 기사를 썼어요. 개미에 관한 기사를 쓰려고 교수님과 함께 아프리카에 개미를 관찰하러 갔다가 개미 떼의 공격을 받고 죽을 뻔하기도 했어요.

　1991년, 스물여덟 살이 된 베르나르는 마침내 어린 시절부터 써 오던 개미 소설을 끝냈어요. 120번이나 고치고 또 고쳤기 때문에 오랜 시간이 걸렸던 거예요. 베르나르는 이 소설을 세상에 발표했지요. 『개미』라는 이름으로 말이에요.

　『개미』는 세상의 빛을 보자마자 큰 인기를 얻었어요.

　그 후로 그는 개미 전문가, 개미 연구가라로 불릴 만큼 개미에 대해 전문 지식을 갖게 되었지요. 오랜 시간의 끈질긴 관찰과 연구는 그의 독특한 상상력의 밑거름이 되어 주었고, 그것이 결국 많은 사람들의 관심과 사랑을 받게 되었지요. 이후로도 베르나르는 발표하는 작품마다 독특한 상상력으로 많은 사람들의 인기를 얻고 있어요.

창의 미션

만약 고래가 산에 산다면 어떤 모습일까요?

예) 몸이 크니까 열두 개 정도의 다리가 필요할 것 같다.

4

다르게 생각하는 연습하기

 ## 똑같은 건 못 참던 닐스 보어

코펜하겐대 물리학과를 다니는 닐스 보어란 학생이 있었어요. 그는 늘 엉뚱한 생각과 발상을 하기로 유명해 학교에서 괴짜로 소문나 있었어요. 그런 닐스 보어 때문에 교수님들은 가끔 곤란을 겪곤 했어요.

그날도 닐스 보어는 '기압계를 사용해 고층 건물의 높이를 재는 법에 대해 설명하라'는 문제로 교수님과 논쟁을 벌이고 있었어요.

교수님은 기압이 높이에 따라 달라지기 때문에 이를 이용해 높이를 계산하라는 의도로 문제를 냈어요. 하지만 판에 박힌 뻔한 답을 하기 싫었던 닐스 보어는 '건물 옥상에 올라가 기압계에 줄을 매달아서 아래로 늘어뜨린 뒤 줄의 길이를 재면 된다'고 답을 써 냈어요.

화가 난 교수님이 다시 답을 요구하자 닐스 보어는 '기압계를 가지고 옥상에 올라가 아래로 떨어뜨린 뒤 낙하 시간을 잰다(2/1×중력 가속도× 낙하 시간)'를 내어 높은 점수를 받았어요. 새로운 발상에 기뻐하던 교수님이 또 다른 답을 요구하자 닐스 보어는 '기압계를 건물 관리인에게 선물로 주고 설계도를 얻는다'라고 대답해서 모두를 즐겁게 만들었어요.

뻔한 대답을 하는 것, 남들과 똑같은 생각을 하는 것을 참지 못했던 닐스 보어는 모든 일을 다르게 생각하는 연습을 한 덕분인지 결국, 노벨 물리학상을 받았지요.

다르게 생각하는 것을 늘 일상에서 즐긴 닐스 보어처럼 우리도 어떤 과제가 주어졌을 때 남들과 다르게 생각하는 습관을 길러 보아요.

몇 미터야?

창의 미션

서울에 있는 모든 사람을 다른 곳으로 대피시킬 수 있는
기발한 방법을 적어 보세요.

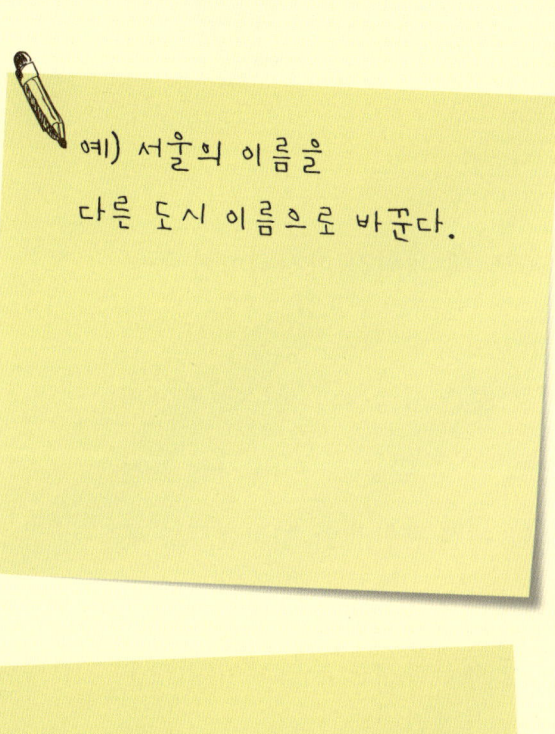

예) 서울의 이름을
다른 도시 이름으로 바꾼다.

4 다르게 생각하는 연습하기

❗ 하늘을 나는 펭귄

일본 홋카이도 아사히카와시에는 1967년에 세워진 아사히야마 동물원이 있었어요.

한때는 관람객이 200만 명을 넘을 만큼 많은 사람들의 사랑을 받았지만, 동물이 전염병에 걸려 동물원이 한동안 문을 닫는 등 여러 가지 좋지 않은 일이 겹치면서 1990년대에 들어서는 예전 관람객의 10퍼센트도 못미치게 되었어요. 게다가 주변에 생긴 테마파크의 영향으로 동물원은 점점 인기를 잃어 가고, 시에서 보조해 주던 예산마저도 중단되어 어려운 상황에 처하게 되었어요. 이대로 동물원을 두었다가는 문을 닫아야 할 형편이었지요.

이런 상황을 고스란히 지켜보며 가장 가슴 아파한 사람은 바로 동물원장 고스케 마사오였어요. 그는 어떻게 하면 예전같이 동물원을 살릴 수 있을까 고민했어요.

밤낮으로 고민을 하던 고스케 마사오 동물원장은 어느 날 번뜩이는 아이디어가 떠올랐어요. 결국 창의적 발상으로 아사히야마 동물원은 위기를 벗어나 예전과 같이 수많은 관람객들의 사랑을 받게 되었어요.

고스케 마사오 동물원장이 생각해 냈던 방법은 바로 '직접 만지고 느낄 수 있는 동물원'을 만드는 것이었어요. 우선 토끼와 오리, 당나귀 등 귀여운 동물들을 직접 만지고 느낄 수 있도록 해 어린이들의 호기심을 자극했어요. 그리고 동물들을 조금 더 가까이서 관찰할 수 있도록 아이디어를 냈는데, 그중 원숭이의 경우는 튀어나온 이빨을 잘 볼 수 있도록 관찰용 창에 원숭이가 좋아하는 꿀을 발라 놓기도 했어요.

이렇게 수많은 아이디어를 내어 서서히 사람들의 관심을 받았어요.

그중 최고로 인기가 많은 곳은 바로 펭귄관이었어요. 펭귄관 아래쪽에 사람들이 구경하고 지나다닐 수 있는 통로를 만들어서 펭귄의 헤엄치는 모습을 마치 펭귄이 하늘을 날아가는 것처럼 느끼도록 한 것이었어요.

이렇듯 다양하고 창의적인 발상들 덕분에 아사히야마 동물원에는 다시 사람들이 모여들기 시작했어요. 점점 인기를 끌기 시작한 아사히야마 동물원은 2006년에만 300만 명 이상의 관람객이 다녀갔고, 2009년에는 〈아사히야마 동물원 이야기-펭귄, 하늘을 날다〉라는 영화로도 만들어졌어요. 만약 기존의 동물원 모델을 따라잡으려고만 했다면 절대 이루어질 수 없는 성과였지요.

비록 위기에 빠진 상황에 처하더라도 주저하지만 말고 남들과 조금만 다른 생각을 한다면 나만의 새로운 무언가를 만들어 낼 수 있어요. 그것이 바로 세상을 이끄는 힘이 될 수 있는 거예요. 하지만 이런 생각은 하루아침에 떠오르지 않아요. 그러니까 지금부터 늘 조금씩 생각하는 연습하는 것이 중요하지요.

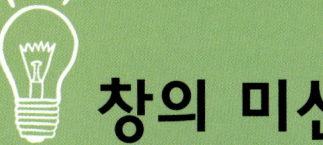

창의 미션

아래 그림과 같이 성냥개비로 만든 삼각형이 세 개가 있어요.
성냥개비 두 개만을 움직여 삼각형을 모두 없애 보세요.

4 다르게 생각하는 연습하기

❗ 다른 생각이 모든 것을 바꿀 수 있다고 믿은 베네통

이탈리아의 작은 마을에서 태어난 루치아노는 일찍 아버지를 여의었어요. 그래서 열네 살 때부터 세 명의 어린 동생들과 어머니를 위해 일해야 하는 소년 가장이 되었어요. 그는 가족들을 위해 신문 배달 등을 하며 돈을 벌었지만 그것으로는 부족했어요. 그래서 루치아노는 초등학교를 졸업하고는 양복점에 들어가 일하게 되었어요.

루치아노는 어려서부터 일을 하기 시작했지만 늘 새로운 것을 생각해 내는 것이 즐거웠어요. 그래서 항상 남들과 다른 생각을 하고, 좀 더 색다른 방법으로 생활하려고 노력했어요.

어느 날, 루치아노는 양복점에 자신이 직접 만든 나비넥타이를 매고 출근했어요. 하얀 바탕에 노란색과 파란색의 줄무늬가 있는 화려하고 눈에 띄는 넥타이였어요.

그러자 양복점 주인아저씨가 넥타이를 보고 물어보았어요.

"루치아노, 그거 어디서 산 넥타이냐?"

"이거요? 제가 집에서 한번 만들어 본 거예요."

"뭐로 만들었는데?"

"부엌에 있는 자투리 천 조각으로 만들었어요."

"뭐? 그럼 행주로 넥타이를 만들었다는 거야? 놀랍구나. 전혀 행주로 보이지 않아. 하지만 우리 가게 안에서는 두 번 다시 하지 말거라. 넌 양복점 점원이지 서커스 광대가 아니니까 말이다."

루치아노는 양복점 주인아저씨께 혼이 났지만 전혀 기분 나빠하지 않았어요. 오히려 나비넥타이를 친구들에게 자랑하고 다녔어요.

그런 루치아노를 보고 친구들도 칭찬하며 말했어요.

"누가 뭐래도 네 취미는 기발해. 황당하기도 하지만 말이야."

1955년의 어느 날, 루치아노는 여동생인 줄리아나와 함께 스웨터를 만들어 팔기로 했어요. 가진 돈이 없었던 루치아노는 자신이 가장 아끼는 '콘서티나'라는 악기와 남동생의 하나뿐인 자전거를 팔아 천을 짜는 기계인 낡은 직조기를 한 대 샀어요. 그리고 열심히 스웨터를 만들어 팔기 시작했어요. 하지만 루치아노는 불만이 한 가지 있었어요.

'옷이 화려했으면 좋겠어. 그런데 스웨터는 늘 정해진 색깔의 실로만 짜야 하니까 옷이 재미없어.'

루치아노는 그때부터 화려하고 눈에 띄는 옷을 만들기 위한 방법을 고민하고 연구하기 시작했어요.

'그래, 거꾸로 생각하면 되잖아. 염색을 하지 않은 실로 먼저 스웨터를 짜고 나중에 염색을 하지 뭐.'

루치아노가 생각해 낸 방법은 전 세계를 깜짝 놀라게 했어요. 루치아노의 독특한 생각으로 만들어진 옷들은 많은 사람들의 사랑을 받았어요. 루치아노는 이탈리아 전체는 물론이고 전 세계로 진출해서 옷을 팔기 시작했어요. 이렇게 해서 루치아노는 자신의 이름을 딴 '베네통'이라는 회사를 만들었고, 베네통은 세계적으로 인정받는 상표로 성장할 수 있었어요.

남들과 다른 생각으로 성공할 수 있었다는 루치아노 베네통은 지금도 생각이 모든 것을 바꿀 수 있게 한다고 확신하고 있어요. 이런 루치아노 베네통이 만들어 내는 옷들은 지금도 전 세계인의 사랑을 받고 있어요.

창의 미션

전 세계의 사람들이 서로 말이 통하게 하는 방법을 적어 보세요.

예) 말을 쓰지 않고 그림이나 몸짓으로 대화한다.

4 다르게 생각하는 연습하기

7

! 주사위를 던져 7 만드는 법

여기에 주사위가 있어요.

주사위를 던져서 7이 나올 확률은 얼마일까요?

만약 여러분이 0퍼센트라고 생각한다면 고정 관념에 사로잡힌 평범한 사람이에요.

정답은 0~100퍼센트까지 그 확률이 다양해요.

그 이유가 무엇이냐고요?

첫째, 주사위를 한꺼번에 여러 개 던져 7을 만들 수가 있어요.

둘째, 거울에 비추면서 던질 수도 있어요.

셋째, 주사위를 세게 던져 쪼갤 수도 있어요. 쪼개진 두 면을 합쳐 7이 될 수도 있지요.

넷째, 주사위가 꼭 정육면체일 필요는 없어요.

다섯째, 주사위에 꼭 1~6까지의 숫자만 써 넣어야 한다는 법은 없어요.

여섯째, 만약 주사위의 모든 면에 7이라고 써넣으면 확률은 100퍼센트가 되어요.

그러니 생각하기에 따라서 7이 나올 확률은 0~100퍼센트까지 모두 가능해요.

창의 미션

달까지의 거리를 잴 수 있는 방법을 적어 보세요.

예) 0m.
달에서 달의 거리를 재면 0m가
나온다.

5

독창적이고 창조적인 예술 접하기

5

독창적이고 창조적인
예술 접하기

❗ 사진을 찍지 않는 사진작가

'니키 리'라는 사진작가가 있어요. 그녀는 한국보다 뉴욕에서 더 알아주는 사진작가예요. 하지만 사실 그녀를 사진작가라 불러야 할지 아리송해하는 사람이 많아요.

왜냐하면 사진전을 열지만, 자신이 찍은 작품이 아닌 사진을 전시하기 때문이지요. 그 대신 전시된 사진 속에는 니키 리 자신이 있어요.

니키 리의 대표 연작 'PROJECT'에는 흑인 사이에, 스페인어를 쓰는 중남미계 미국 이주민인 히스패닉 사이에, 반항적인 스타일의 펑크족 사이에 서로 다른 모습과 느낌으로 서 있는 그녀가 있어요.

니키 리는 그 집단에 들어가 섞여 생활하다가 적응할 때쯤 누군가에게 사진을 찍어 달라고 해요. 삼각 구도니, 원근감이니, 사진을 잘 찍기 위한 기교나 기술, 그런 건 없어요. 기념사진이지요. 그리고 그녀는 그 사진들을 전시해요.

지금까지 자기 자신을 찍는 사진가는 많았어요. 하지만 그녀는 자신을 찍는 걸 넘어 집단에 속한 자신을 담아냈어요. 함께하는 집단에 따라 변하는 자신의 모습을 다른 사람과 함께 나누는 것이지요. 자신이 직접 찍기보다는 자신을 담은 사진을 전시하는 사진작가인 거예요.

리키 리는 사진이 예술이 되려면 그 사진 안에 작가의 생각과 영혼이 담겨 있어야 한다고 생각했어요. 그런 사진을 위해서는 누가 사진을 찍느냐는 리키 리에게 그리 중요한 문제가 아니었어요. 사진이란 작가의 생각을 표현하기 위한 하나의 수단이기 때문에 형식보다는 그 안에 담긴 내용이 더 중요했던 것이지요.

할머니로 변장한 니키 리!

71

사진작가는 늘 사진을 찍는 사람이라고 생각한 틀을 깨고 자신이 직접 사진에 담겨 자신의 생각을 전달하고자 한 니키 리는 분명 다른 작가들과는 확연히 다른 창의적 발상을 한 것이지요.

그 창의적인 발상으로 그녀는 뉴욕 예술계에서 유명한 사진작가가 되었어요.

창의 미션

세상에 하나밖에 없는 작품을 만든다면 나는 무엇을 만들까요?

예) 세상에 하나뿐인 나 자신.

5

독창적이고 창조적인
예술 접하기

Marcel Duchamp

❗ 마르셀 뒤샹의 변기

　현대 미술의 창시자라 불리는 마르셀 뒤샹은 미술계 최고의 괴짜로 통해요. 엄숙하고 권위 있는 미술 전시회에 화장실 변기를 작품으로 출품하기도 하고, 레오나르도 다빈치의 세계적인 작품 〈모나리자〉에 콧수염을 그려 넣은 작품을 선보이기도 했어요. 그러자 미술계에서는 드디어 예술이 망했다며 호들갑을 떨었지만, 늘 새로운 것을 추구하던 사람들은 뒤샹의 작품을 새로운 시대를 여는 창의적인 작품으로 인정하기 시작했어요. 무겁고 권위적인 예술이 아니라 우리 일상이 예술이며, 현대 예술은 어떤 틀에 갇히지 않는 것이라는 걸 작품으로 보여 주었거든요.

　뒤샹은 늘 독창적인 생각을 멈추지 않았어요. 사각의 캔버스에 꼭 그림을 그려야 한다는 생각을 버리고 유리 위에 작품을 그리기도 했어요. 또한 권위적인 전시회에 〈계단을 내려오는 나체〉라는 작품을 출품해 거절당하기도 했어요. 또한 낡은 편견을 조롱하는 일도 멈추지 않았어요.

뒤샹은 몇몇 작가들과 독립 미술가 협회를
설립하였는데 그 협회가 연 미술전은 심사
위원도 없고 상도 없는 미술전이었어요.
어느 날, 그 미술전에 뒤샹은 자신의 작품
인지 아무도 알지 못하도록 가명을 써서
작품을 내놓았어요. 뒤샹이 출품한 이 작
품은 독립 미술가 협회에서 거부된 채 전
시관의 후미진 곳에 방치되기도 했어요.
이 작품이 바로 남성용 소변기에 〈샘〉이

마르셀 뒤샹의
〈L.H.O.O.Q〉

라는 제목을 붙인 작품이에요. 뒤샹 자신이 다른 작가들과 함께 만든 미
술 협회마저도 편견과 낡은 고정관념을 깨 버리지 못했던 것이에요.

뿐만 아니라 마르셀 뒤샹은 레오나르도 다빈치의 작품 〈모나리자〉를
패러디해서 '그녀의 엉덩이는 뜨겁다'라는 뜻의 〈L.H.O.O.Q〉라는 작품
을 발표했어요. 이 작품은 모나지라의 작품에 콧수염을 그려 넣은 것으
로 많은 논란을 불러일으켰어요.

뒤샹은 언제나 세상이 자신의 작품을 이해하지 못한다고 좌절하기보
다 묵묵히 자신의 독창적인 예술 세계를 완성해 나가 오늘날 결국 현대
미술의 창시자이자 선구자라 불리게 되었어요.

창의 미션

세상 사람들이 깜짝 놀랄 만한 전시물로는 어떤 것이 있을까요?
그리고 그 물건을 전시하는 이유를 적어 보세요.

 예) 동물의 배설물.
다양한 크기와 모양, 색깔의
배설물을 모아 놓고 '이 똥은
어떤 동물의 것일까요?'란 제목의
전시회를 연다.

 ## 보이지 않는 곳을 그린 피카소

프랑스의 파리, 몽마르트 언덕에서 살던 청년이 있었어요. 청년이 살던 곳은 계단은 삐걱거리고, 가스도 전기도 들어오지 않았지요. 건물 안에는 일 년 내내 이상한 냄새가 풍겼어요. 어느 날, 청년은 친구들을 불러 놓고 자신이 그린 그림을 보여 주었어요.

"아니, 전에는 그렇게 아름다운 그림을 잘 그리더니 갑자기 어린 아이가 됐나?"

"이것도 그림이라고 그려서 우리에게 보여 주다니! 자네 미쳤나?"

"참으로 괴상한 그림이군!"

모든 친구들이 청년의 그림을 보고 이상하다며 한마디씩 말했어요. 화폭에는 다섯 명의 여자들이 그려져 있었는데, 눈은 크고, 얼굴은 이상하게 생겼고, 쭈그려 앉은 모양도 이상했어요. 도저히 그림이라고 볼 수 없었지요. 그때까지 그림이라는 것은 사진기처럼 보이는 그대로를 정확하게 그려 내어야 아름답다고 생각했거든요.

그런 친구들의 모습을 보고 화가 난 청년은 그림을 둘둘 말아 방 한구석에 처박아 놓았어요. 이 그림이 〈아비뇽의 처녀〉라는 그림이에요. 친구들이 미쳤다고 생각한 청년의 이름은 현재 천재적인 화가로 손꼽히는 피카소예요.

피카소는 어린 시절부터 그림을 무척 잘 그렸어요. 그렇지만 학교에 다니는 것을 정말 싫어해서 수업 시간에는 자리에서 일어나 제멋대로 돌아다니고, 창밖으로 지나가는 사람들에게 말을 걸기도 했어요.

피카소의 아버지는 학교를 그만 다니게 하고 집에서 공부를 하게 했지

요. 대신 열두 살 때, 미술 선생님이었던 아버지가 피카소에게 그림을 가르쳐 주었어요. 그렇지만 아버지는 금방 포기할 수밖에 없었어요.

"아버지, 저번에 비둘기 스케치하던 것을 마저 그렸어요."

그 그림을 본 아버지는 이렇게 말했지요.

"난 너의 스승이 될 수 없겠다. 네가 나보다 낫구나."

그리고 피카소의 아버지는 그림을 다시 그리지 않았지요. 피카소는 미술학교에 입학했지만 남들과 똑같은 그림을 그리는 게 금세 지겨워졌어요.

"난 내 방식대로 그림을 그리겠어!"

결국 피카소는 작업실에 틀어박혀서 자신이 좋아하는 그림을 그리기 시작했어요.

처음에 피카소의 작품을 보았던 사람들은 당황하며 이상하게 여겼지만 나중에야 작품을 이해하게 되었어요. 피카소는 보이는 대로 그림을 그리는 것이 아니라, 보이지 않는 것도 그림으로 그려야 한다고 생각했던 거예요.

"눈에 보이지 않는다고 존재하지 않는 것은 아니지. 나는 그걸 그릴 거야."

다른 사람들은 생각조차 하지 못하던 것들을 과감히 행동으로 옮길 줄

알았던 것이지요.

피카소의 작품을 이해하지 못했던 사람들은 그를 '괴짜'라고 불렀지만, 세계적으로는 미술이 눈에 보이는 2차원적인 풍경만 담아내는 것이 아니라 보이지 않는 곳까지 다양하게 표현해 낼 수 있다는 것을 사람들에게 알리는 데 큰 역할을 했어요. 피카소가 그려 왔던 독특한 그림은 그를 나타내는 대명사가 되었어요. 그전까지는 없던 미술 양식을 보여 준 피카소는 '현대 미술의 선구자'라고 불리고 있어요.

여러분은 남들과 다른 것을 좋아한다고 놀림을 받은 적이 있나요? 그래도 실망하거나 포기하지 마세요. 남들과 다른 것은 여러분만의 개성이 될 수 있기 때문이지요. 여러분이 좋아하는 것에 대해 깊이 생각하고 연구하다 보면 나중에 모든 사람들을 깜짝 놀라게 할 만큼 중요하고 멋진 것이 될지도 몰라요.

창의 미션

물고기들의 전시회에는 어떤 작품이 전시될까요?

예) 산호로 만든 장식품이나
인간들이 물에 빠뜨린 것들.

★6★ 뒤집어 생각하기

❗ 역발상의 승리

　유명 모피 회사에서 한 해 동안 가장 우수한 실적을 낸 직원에게 포상으로 하와이 휴가를 보내 주기로 했어요. 연말이 되자 회사는 그해 물건을 가장 많이 판 직원을 뽑았고 약속대로 하와이로 휴가를 보내 주었어요.

　우수한 직원은 하와이에서 멋진 휴가를 보낼 수 있었어요. 그리고 그 회사에 돌아오자마자 하와이에서 느낀 영업 아이디어를 회사에 제출했어요.

　그 영업 아이디어는 바로 하와이에 회사의 모피 상품을 파는 매장을 열자는 것이었어요.

　그 제안서를 읽은 회사의 많은 사람들은 이해가 되지 않는다는 듯 고개를 절레절레 저으며 말했어요.

　"저 친구가 따뜻한 곳에 다녀오더니 머리에 나사라도 하나 빠진 모양이야."

　"누가 그 더운 하와이에서 모피 코트를 사 입으려 하겠어?"

회사 사람들이 비웃는 가운데 모피 회사 사장은 곰곰이 생각해 보더니 우수한 직원의 말대로 하와이에 모피 매장을 열었어요. 그리고 모두의 예상을 깨고 더운 하와이에서 모피 매장은 대박을 터뜨렸어요.

어떻게 된 일일까요?

하와이는 더운 열대 지방이기 때문에 하와이에 사는 주민들이 모피 코트를 사 입을 일은 아주 드물어요. 하지만 하와이는 많은 사람들이 찾는 관광지예요. 하와이로 여행을 오는 사람들의 대부분은 추운 곳에서 사는 사람들로 따뜻한 날씨를 만끽하려고 하와이로 여행을 오게 돼요. 게다가

하와이로 여행을 온 사람들은 대부분 돈이 넉넉한 편이고요. 그래서 우수한 직원은 하와이야 말로 비싼 모피 옷을 살 수 있는 고객들이 모이는 곳이라는 생각을 한 거예요.

여행객들은 하와이에서는 더운 여름을 즐길 수 있었지만 돌아가면 다시 추운 겨울을 보내야 했어요. 그러니 평소보다 추위에 대한 걱정이 더 커지게 되어 돌아갈 때 자신의 나라에서 입을 따뜻한 모피를 구입했던 거예요.

사람들의 걱정과 우려 속에 세웠던 하와이의 모피 매장은 날이 갈수록 많은 사람들이 찾았고, 사장은 뛸 듯이 기뻐했지요. 덕분에 그 우수 직원은 다음 해에 더 멋진 곳으로 휴가를 떠날 수 있었어요.

창의 미션

남극에서 냉장고를 팔 방법을 여러 가지로 생각해 보고 적어 보세요.

예) 음식을 얼지 않게
저장할 수 있다는 점을 강조한다.

6 뒤집어 생각하기

얼어붙은 강에 배를 띄운 관리

임진왜란이 일어나자 조선은 중국 명나라에 지원군을 요청했어요. 그러자 명나라는 조선에 지원군을 보내면서 군사들이 먹을 곡식을 보내 달라고 요청했어요. 하지만 어마어마한 양의 곡식을 옮기는 일은 결코 쉬운 일이 아니었어요. 조선의 임금이었던 선조는 유능한 관리였던 유근에게 군량미를 운반하라고 명령을 내렸어요.

유근은 찬바람이 부는 강가에 서서 생각에 잠겼어요.

그리고 얼마 후, 유근은 사람들을 시켜 배를 만들기 시작했어요. 군량미를 가장 빠르고 쉽게 옮기는 방법은 한강의 뱃길을 이용하는 것이었기 때문이었어요. 그런데 사람들은 유근이 만드는 배를 보고 어리둥절하게 생각했어요. 지금껏 있던 배에 비해 더 두꺼운 널판으로 배를 만들었기 때문이었어요.

그 배를 보고 사람들은 혀를 차며 말했어요.

"저런, 저렇게 배가 두꺼우면 둔해서 배가 움직이기 힘들 텐데……."

"곧 겨울도 다가오는데 배가 무거워서 빨리 갈 수도 없겠군."

하지만 유근은 아랑곳하지 않고 묵묵히 배를 만들 뿐이었어요.

드디어 배가 완성되자 유근은 곡식을 50여 척에 나누어 싣고 일제히 명나라 지원군을 향해 떠났어요. 그때는 이미 추운 겨울이어서 한강이 거의 얼어붙어 있었어요. 사람들은 언 강 위에 배를 띄우는 것은 무리라고 생각했지요. 게다가 보통의 배보다 더 두꺼운 널판으로 배를 만들어 둔해질 대로 둔해진 배를 띄운다는 것은 어리석은 생각이라며 비웃었어요. 군량미를 잘 운반하는지 보러 온 명나라의 장수도 혀를 끌끌 찼어요. 조정에서도 유근의 잘못된 판단으로 군량미를 제때 옮기지 못할까 봐 걱

정이 이만저만 아니었어요.

그런데 모든 사람들의 예상을 뒤집고 놀라운 일이 벌어졌어요.

50여 척의 배가 돛을 달고 출발할 때 각 배의 지휘자들이 북을 울리고 고동을 불기 시작했어요. 그러자 그 소리에 맞춰 뱃사람들이 일제히 강의 얼음을 깨며 한강을 가르고 나아가기 시작했어요. 부서진 얼음 조각에 부딪혀도 두꺼운 널판으로 만들었기 때문에 배가 상하지 않았어요. 그렇게 해서 유근이 지휘한 배들은 군량미를 싣고 무사히 명나라에 도착할 수 있었어요.

유근은 얼어붙은 강물에 배를 띄울 수 없을 것이라 예상했고, 그래서 대신 얼음을 깨며 나아갈 수 있도록 선판을 두껍게 제작한 것이었어요. 얼어붙은 뱃길을 열어 주는 현대의 '쇄빙선' 역할을 하도록 배를 만든 것이었지요. 그는 언 강물 위에는 배를 띄울 수 없다는 어려운 상황을 과감히 역으로 이용했어요. 상식을 뛰어넘는 역발상으로 그는 군량미를 무사히 옮겼고 명나라의 지원군들에게도 조선 관리의 지혜로움을 보여 줄 수 있었어요.

창의 미션

영수가 아버지 심부름으로 장대를 들고 폭이 6미터인 골목을 지나가게 되었어요. 영수가 들고 갈 수 있는 장대의 길이는 최대 몇 미터일까요?

예) 세워서 가면 되기 때문에 어떤 길이든지 가능하다.

뒤집어 생각하기

회사가 왕인 기업

'손님은 왕'이라는 말은 모든 사람에게 아주 당연하고 익숙한 말이에요. 그런데 이런 당연한 말을 거부한 회사가 있어요. 오히려 회사가 왕이라고 하며 도도한 마케팅 기법으로 더욱 손님을 끌었던 회사지요.

이런 독특한 생각을 가지고 있던 회사는 일본에서 컴퓨터 부품을 만드는 기업 '구로토 시코'예요.

먼저 이 회사의 제품에는 사용 설명서가 없어요. 그리고 한 술 더 떠서 제품 포장지에는 '초보자 사절'이라는 말이 떡 하니 찍혀 있어요.

우리 회사는 회사가 팔고 싶은 물건을 팔 예정이니 이 물건이 맘에 들지 않거나 자격이 되지 않는 사람은 사지 말라는 이야기지요. 이것은 컴퓨터를 능숙하게 다루는 '파워 유저'를 대상으로 물건을 팔기 위한 과감한 마케팅 기법이었어요. 다른 말로 하면 이 제품을 구매해 사용할 수 있는 사람은 자신이 곧 파워 유저라는 걸 증명하는 것이기도 했어요. 즉, 진정한 파워 유저라면 우리 제품을 능숙하게 다룰 수 있어야 한다는 자부심까지 파는 것이었어요.

그러자 실제로 구로토 시코 제품을 구매한 사람들은 인터넷을 통해 동호회를 만들고 정보를 공유하며 서로 도움을 주고받게 되었어요. 물론 그런 인터넷 상의 공간을 마련한 것은 회사였어요.

단지 제품을 구매하는 데서 끝나는 것이 아니라 구매한 사람들끼리 소통의 공간이 생기고 정보가 공유되자 입소문을 타기 시작했고, 구로토 시코 제품은 다른 회사보다 더 잘 팔리게 되었어요. 또한 회사는 고객 서비스에서 절약된 돈을 제품 개발비에 투자해 제품의 질은 더욱 좋아지게 되었어요. 좋은 제품을 만들어 내자 고객은 더욱 몰리게 되었어요.

어떤 제품을 누구에게 팔아야 하느냐에 따라 손님이 왕이 되기도 하고 회사가 왕이 되기도 하는 것이지요. 그것을 이 회사는 아주 적절하게 사용했어요. 손님이 왕이 될 수 있다면 회사가 왕이 되어서도 팔 수 있다는 역발상이 회사를 빛나게 한 것이지요.

창의 미션

방에 촛불을 켜고 열 걸음 떨어진 곳에서 촛불을 끄려면
어떤 방법이 있을까요?

예) 촛불이 다 타서 꺼질 때까지 기다린다.

창조적 전략으로 대제국을 건설한 칭기즈 칸

1995년 미국의 신문인 「워싱턴포스트」는 지난 1,000년간 인류 역사상 가장 영향력 있는 인물의 한 사람으로 칭기즈 칸을 선정했어요. 그 외에 후보에 오른 인물에는 금속 활자기를 발명한 구텐베르크, 『동방견문록』을 쓴 탐험가 마르코 폴로도 있었지만 그들을 제치고 칭기즈 칸이 선정되었어요.

칭기즈 칸은 유목민 부족을 통일하고 유럽까지 정복하면서 세계 최대의 나라를 세웠어요. 유목민은 머물러 지내는 곳도 없이 오직 말 한 필로 양 떼를 몰고 이동하면서 생존하고 생활하는데 도대체 어떤 방법으로 대제국을 건설할 수 있었을까요?

칭기즈 칸의 몽고 기병대는 전 세계 3억 인구 중 1억 인구를 다스렸다고 해요. 몽고 기병대가 약 10만 명이었으니까 1인당 1,000명을 다스린

셈이지요. 만약 몽골군이 5,000만 명이라면 500억 명을 다스릴 수 있다는 것이고, 이는 지구의 열 개를 다스리는 능력을 발휘했다고 볼 수 있어요. 인류 역사상 가장 효과적이고 효율적인 군대를 지휘한 것이지요.

칭기즈 칸은 어떻게 이런 효율적인 군대를 지휘할 수 있었을까요?

칭기즈 칸은 어릴 때부터 같은 종족끼리 식량을 차지하기 위해 서로 죽고 죽이는 것을 보며 자랐어요. 그런 끔찍한 광경을 보며 그는 절대로 같은 종족끼리 서로 죽이는 일이 없어야 한다고 생각했어요. 그래서 칭기즈 칸은 서로가 힘을 합치면 행복한 미래가 올 것이라고 몽고 사람들에게 외쳤어요.

"내 깃발에 모여라. 우리는 서로 죽이지 말자!"

그뿐만이 아니었어요. 병사와 주민들에게 우리는 작지만 할 수 있다는 에너지를 불어넣어 주었는데, 단순히 말뿐이 아니라 행동으로 보여 주었어요. 칭기즈 칸은 그들이 할 수 있는 일을 실제 현장에서 펼칠 수 있도록 많은 기회를 주었어요.

또한 칭기즈 칸은 상황에 따라 재빨리 움직일 수 있기 위해 기마 군단의 속도를 높이도록 했어요. 한 사람한테 네다섯 마리의 말을 주고 약 4,000킬로미터를 열흘 안에 갈 수 있도록 했어요. 한 마리의 말이 열흘 동안 달리는 것보다 네다섯 마리가 거리를 나눠 달리다 보니 하루에 400

킬로미터를 달릴 수 있었어요. 다른 유목민들은 100일 걸리는 시간을 열 배 이상의 속도로 달려 열흘까지 단축한 거예요. 칭기즈 칸의 기병대는 엄청나게 빠른 기동성을 앞세운 것이지요.

한편, 모든 의식주에 관련된 물품을 직접 운송해야 했기에 무게를 최대한 가볍게 하고 빨리 움직일 수 있도록 하려고 비상식량을 개발했어요. 몽골 군대의 비상식량인 '보르츠'는 양고기 포를 떠서 말려 가루로 만든 뒤 소나 말의 방광에 넣었다가 물에 끓이면 고기가 되는 간편한 휴대용 식품이에요. 무게는 3~4킬로그램 정도로 1년 치의 식량도 간편하게 휴대할 수 있었기 때문에 지속적인 전투가 가능해 적을 보다 손쉽게 물

리칠 수 있었어요. 이것이 바로 그들이 속도를 낼 수 있는 비밀이었어요.

그리고 40킬로미터마다 '역참'이라는 것을 두어 빠른 정보를 얻을 수 있도록 했어요. 참과 참 사이에 소식을 알려 주는 '파발'을 만들어 소식을 바통처럼 넘기는 릴레이를 하듯 약 1,000마리의 말을 이용해 소식을 전달했어요. 또한 말이 갈 수 없는 곳은 송골매를 사용했어요. 그러니 다른 어떤 군대보다도 빠른 정보와 정확하고 신속한 명령을 전달할 수 있었기에 승리가 가능했어요.

또한 당시 다른 제국의 천호장, 즉 총독은 모두 귀족 출신만 될 수 있었지만 칭기즈 칸이 능력을 보고 사람을 뽑아 조직을 꾸려 나갔어요. 칭기즈 칸은 출신에 상관없이 능력 위주로 천호장을 뽑았기에 당시 칭기즈 칸의 오른팔이자 지금으로 보면 장관에 해당하는 '야율아해'는 거란족 출신이었으며, '자파르 코자'는 아라비아 출신이었어요.

뿐만 아니라 종교에도 개방적이었어요. 개인적으로 철저한 샤머니즘을 믿고 있던 칭기즈 칸이었지만, 다른 부족들이 믿어 왔던 종교를 자유롭게 믿을 수 있도록 했어요. 이처럼 어떤 것도 받아들일 수 있는 그의 스펀지 같은 열린 마음이 제국의 힘을 강하게 하고 칭기즈 칸을 위대하게 만들었어요.

이렇듯 칭기즈 칸이 세계를 지배한 원동력은 자신의 처지와 능력을 비관하기보다 그것을 오히려 장점으로 되살린 창조적 전략과 열린 마음에 있었어요.

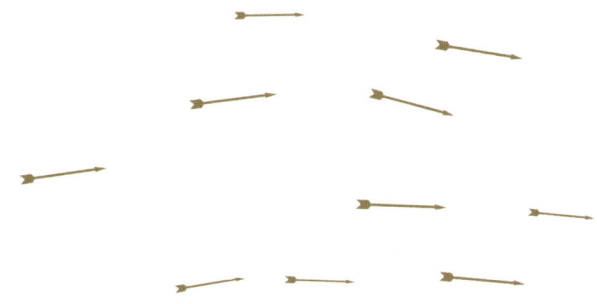

창의 미션

내가 새로운 나라를 건설한다면
어떤 나라를 만들고 싶은지 적어 보세요.

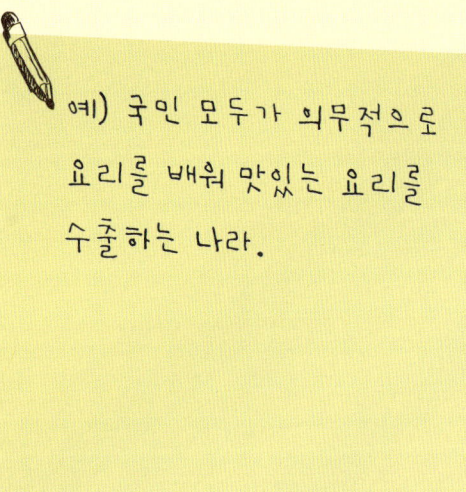

예) 국민 모두가 의무적으로
요리를 배워 맛있는 요리를
수출하는 나라.

7

명작의 반전
읽어 보기

7 명작의 반전 읽어 보기

토끼와 거북의 반전

어느 날, 토끼와 거북은 산 위의 정상까지 먼저 도착하는 경기를 하기로 했어요.

결국 부지런하고 오만하지도 않은 토끼는 단숨에 산의 정상까지 올라 승리했어요. 거북도 부지런히 달렸지만 하루가 지난 다음에야 산 정상에 도착할 수 있었어요.

그러자 거북이 억울한 듯이 토끼에게 말했어요.

"이건 불공평해. 내가 경주를 하면서 생각해 봤는데, 너는 주로 산에서 생활하지만 나는 주로 바다에서 생활하잖아? 그런데 산에 오르는 경기를 하다니 나한테 너무 불리해."

토끼가 가만히 듣고 보니 거북의 말이 맞는 것 같았어요. 그래서 토끼는 기꺼이 거북이 제안하는 경기를 한 번 더 치르기로 했어요.

이번 경기는 강을 누가 빨리 건너느냐는 경기였어요. 거북은 토끼를 배려해 토끼의 머리까지 물이 차지 않아 토끼가 숨을 쉴 수 있는 얕은 강으로 정했어요.

하지만 토끼는 숨은 겨우 쉴 수 있었지만 수영 실력이 형편없었기 때문에 몇 번이나 강에 빠질 뻔 했어요. 반면 거북은 아주 날렵한 솜씨로 강을 건넜어요. 한참 후에야 토끼는 겨우 강을 건널 수 있었지만 거북에게 질 수 밖에 없었어요.

헐레벌떡 강을 겨우 건너온 토끼가 이번에는 거북에게 말했어요.

"거북아, 한 번은 산에서 경기를 해서 내가 이겼고 한 번은 너한테 유리한 강에서 경기를 해서 네가 이겼잖아. 공정한 승패를 내려면 너에게도 나에게도 공평한 경기를 하는 게 좋을 것 같아."

거북도 토끼의 말에 연신 고개를 끄덕였어요.

토끼와 거북은 어떤 경기를 해야 정정당당한 실력을 겨루고 깨끗하게 승패를 가를 수 있을까요?

100명의 사람들이 어깨를 맞대고 나란히 섰어요. 물이 가득 든 종이컵을 첫 번째 사람에게 주고 물을 한 방울도 흘리지 않고 100번째 사람에게 전달하려면 어떻게 해야 할까요? 단 시간은 1분이에요.

예) 100명의 사람이 원을 그리며 선다.

7 명작의 반전 읽어 보기

 장화 신은 고양이의 반전

카라바 공작과 고양이는 아버지가 죽자 형에게 빈 몸으로 쫓겨났어요. 그러자 고양이는 빈털터리가 된 주인을 위해 꾀를 냈어요.

"주인님, 너무 걱정하지 마시고 자루 하나와 장화 한 켤레만 구해다 주세요."

카라바 공작은 고양이의 말대로 해 주었고, 고양이는 장화를 신고 숲에서 자루를 이용해 토끼 한 마리를 잡아 이웃 동네에서 부자라고 소문난 로날드 성주의 성으로 갔어요.

그러자 로날드 성주가 고양이에게 물었어요.

"그대는 무슨 일로 왔는가?"

고양이는 재빨리 자루에 넣은 토끼를 내밀며 대답했어요.

"저의 주인이신 카라바 공작께서 로날드 성주님께 드리는 특별한 선물이옵니다."

"정말 고맙기도 하지. 어서 가서 카라바 공작에게 선물을 잘 받았다고

전하여라."

고양이는 로날드 성주의 환심을 산 뒤 다음 계획에 들어갔어요.

고양이는 로날드 성주가 딸인 로라 아가씨와 강가로 소풍을 나온다는 이야기를 듣고 카라바 공작을 강물에 빠진 척 보이게 만들었어요. 잠시 뒤, 로날드 성주의 마차가 다가오자 고양이는 외쳤어요.

"살려 주세요! 카라바 공작께서 물에 빠지셨어요!"

깜짝 놀란 로날드 성주는 공작을 물에서 구해 주었어요. 고양이는 로날드 성주 앞에서 천연덕스럽게 연기를 했어요.

"이런, 로날드 성주님! 글쎄 도둑이 그만 카라바 공작님의 옷까지 훔쳐

갔지 뭐예요?"

로날드 성주는 카라바 공작에게 근사한 옷을 선물하고 공작의 성까지 태워다 주겠다고 했어요.

그러자 성은 물론이고 몸을 누일 작은 집조차 없었던 카라바 공작은 깜짝 놀라 어쩔 줄 몰라 했어요.

"걱정하지 마세요. 제게 좋은 수가 있으니까요. 주인님께선 성주님을 모시고 마왕의 성으로 오시기만 하면 됩니다."

고양이는 즉시 마왕의 성으로 향했어요. 마왕의 성 근처에는 밭이 매우 많이 있었는데 그 땅은 모두 마왕의 땅이었어요.

"여러분, 제가 마왕을 처치하고 이 땅을 여러분에게 나누어 줄 테니 제 부탁 하나만 들어주시지요."

농부들은 미심쩍은 표정이었지만 별로 손해 볼 것도 없으니 그렇게 하겠다고 했어요. 고양이는 농부들에게 부탁을 한 뒤, 곧장 마왕의 성으로 달려갔어요. 고양이가 마왕의 성 앞에 도착해 밭을 바라보니, 로날드 성주와 카라바 공작이 탄 마차가 밭으로 들어서는 게 보였어요.

로날드 성주는 가던 길을 멈추고 밭에 있던 농부에게 물었어요.

"여봐라, 이 넓은 밭은 누구의 것이냐?"

"카라바 공작님의 것이옵니다."

"그럼 저기 저 목장은 누구의 것이냐?"

"역시 카라바 공작님이지요."

농부들은 고양이의 말대로 무조건 카라바 공작의 것이라도 대답했어요. 그 모습에 고양이는 흡족해하며 마왕의 성 안으로 들어갔어요.

고양이가 들어서자 마왕이 날카로운 눈초리로 물었어요.

"무슨 일로 왔지?"

"마왕님의 위대한 능력을 직접 보고 싶어서 왔습니다. 마왕님은 어떤 동물로도 변할 수 있다는데, 그것이 정말인가요?"

"물론이지. 내가 마음만 먹으면 뭐로든 변할 수 있다."

"그럼 사자로도 변할……"

성질 급한 마왕은 고양이의 말이 끝나기도 전에 사자로 변신했어요. 그러더니 당장이라도 고양이를 잡아먹을 것처럼 으르렁거리기 시작했어요.

고양이는 깜짝 놀라는 체 하며 말했어요.

"마왕님은 역시 대단하시군요! 그럼 혹시 생쥐로도 변할 수 있나요? 아무리 마왕님이라도 그건 무리겠지요. 생쥐는 너무 작으니까요."

"그까짓 건 식은 죽 먹기라고!"

마왕은 코웃음을 치더니 순식간에 생쥐로 변했어요. 그 순간을 놓칠 고양이가 아니었어요.

'옳거니, 지금이다!'

고양이는 잽싸게 생쥐를 꿀꺽 삼켜 버렸어요. 그러고는 성문을 활짝 열어 로날드 성주와 로라 아가씨를 반갑게 맞이하며 말했어요.

"카라바 공작님의 성에 오신 것을 환영합니다!"

성을 둘러본 성주와 로라 아가씨가 감탄했어요.

"카라바 공작, 정말 대단하오! 이렇게 아름다운 성을 갖고 있다니!"

두 사람이 성 이곳저곳을 찬찬히 살피고 있을 때, 카라바 공작이 고양이에게 귓속말로 물었어요.

"일이 어떻게 돌아가고 있는지 모르겠군. 마왕은 어디 가고 너만 있는 거야?"

"마왕은 없어졌어요. 이제 이 성은 주인님 것이랍니다. 자세한 이야기는 나중에 해요. 어서 로라 아가씨에게 청혼을 하세요."

카라바 공작이 고양이의 말대로 로라 아가씨에게 청혼을 하자 로날드 성주가 말했어요.

"내 딸을 그대와 결혼시키는 것은 매우 기쁜 일이네. 하지만 나는 저 아이와 떨어져서는 한시도 살 수 없네. 그러니 나도 함께 이 성에서 사는 조건으로 결혼을 허락하겠네."

카라바 공작은 고양이에게 속삭였어요.

"어떻게 할까?"

"어디서 사는 게 뭐가 중요해요? 로날드 성주님은 재산이 어마어마한

분이잖아요. 그런 분의 따님과 결혼하게 되었으니 이제 우리는 부자가
된 거라고요! 무조건 그렇게 하겠다고 말씀드리세요."

　그렇게 해서 카라바 공작과 로라 아가씨는 서로 결혼 약속을 했어요.
고양이는 다시 편안한 생활을 할 수 있을 것이라 생각하며 신이 나서 어
쩔 줄 몰랐어요.

　며칠 뒤, 카라바 공작과 로라 아가씨의 결혼식 날이 다가왔어요. 그런
데 이게 웬일일까요? 결혼식 당일, 그만 큰일이 일어나고 말았어요. 갑자
기 마왕의 성이 크게 흔들리더니 사라져 버린 거예요.

　깜짝 놀란 사람들은 모두 입을 벌린 채 넋을 잃고 서 있었어요. 고양이

는 마왕이 사라지면 성도 사라져 버릴 거란 걸 미처 생각하지 못했던 거예요. 그러나 후회해도 이미 늦은 일이었어요. 일단 이 상황을 모면해야 했기에 고양이는 아무렇게나 둘러대기 시작했어요.

"여러분, 모두 진정하십시오. 아무래도 주인님을 시기하는 자가 성에 요술을 부린 모양입니다. 하지만 뭐가 걱정입니까? 로날드 성주님의 성이 있는 걸요! 일이 이렇게 됐으니 저와 주인님이 성주님의 성에서 살아야 될 것 같습니다."

그러자 로라 아가씨의 얼굴이 백지장처럼 하얗게 질렸어요. 로날드 성주 또한 잔뜩 당황하여 어쩔 줄 모르고 있었어요.

'갑자기 왜 저렇게 놀라지?'

로날드 성주와 로라 아가씨의 태도가 무언가 이상하다고 느낀 순간, 고양이는 그만 놀라 기절할 뻔했어요. 로라 아가씨 옆에도 장화 신은 고양이와 똑같이 생긴 고양이 한 마리가 서 있었던 거예요! 심지어 발에 신고 있는 장화까지 똑같았어요. 장화 신은 고양이는 그만 그 자리에 풀썩 주저앉아 버렸어요. 그제야 어떻게 된 일인지 알아챈 것이었어요.

고양이는 한숨을 푹 쉬며 혼자 중얼거렸어요.

"결국 거짓은 거짓끼리 만나게 되는 거였어."

로날드 성주와 로라 아가씨 역시 카라바 공작처럼 빈털터리였던 거예요. 로날드 성주의 고양이도 장화를 신고 똑같은 꾀를 부렸던 거지요. 결국 얕은꾀로 부자가 되려고 서로가 서로를 속였던 것이지요.

로라 아가씨와 카라바 공작 그리고 장화 신은 고양이는 모두 부끄러워 고개조차 들지 못했어요. 그 후 카라바 공작과 로라 아가씨는 두 번 다시 거짓말 따위는 하지 않았어요. 물론 장화 신은 고양이도 얕은꾀만 부리게 하는 못된 장화를 벗어 던져 버렸어요.

창의 미션

개미와 베짱이의 이야기를 가지고 반전 이야기를 만들어 보세요.

예) 베짱이는 어느 날 가수가 되어 부자가 되었다.

명작의 반전 읽어 보기

신데렐라의 반전

　옛날 어느 마을에 신데렐라 가족이 살고 있었어요. 신데렐라의 어머니는 신데렐라가 어렸을 때 일찍 돌아가시고 새어머니와 두 언니가 같이 살고 있었어요. 마을에는 새어머니와 두 언니가 신데렐라를 괴롭힌다는 소문이 돌았어요.

　그러던 어느 날, 신데렐라의 아버지가 병으로 죽고 말았어요. 슬픔에 빠진 신데렐라는 하루 종일 아무 말도 하지 않고 집안일만 했어요. 그러다 밤이 되면 벽난로 옆에 앉아 한숨을 쉬었어요.

　"이제는 정말 나 혼자구나."

　신데렐라의 눈에서 하염없이 눈물만 흘렀어요.

　동네 사람들은 우울한 표정의 신데렐라를 보고 수군거렸어요.

　"그 애 아버지마저 그렇게 떠났으니, 이제 신데렐라 편을 들어 줄 사람이 누가 있겠어?"

　"그러게요, 계모와 언니들이 얼마나 구박을 할까."

신데렐라의 아버지가 돌아가시고 오랜 시간이 흘렀어요. 새어머니와 언니들은 아무 일도 없었던 것처럼 지내는 것 같았어요. 하지만 신데렐라는 여전히 슬픔으로 가득했어요.

그러던 어느 날, 궁에서 무도회가 열린다는 소식이 전해졌어요. 그때부터 새어머니와 언니들은 매일 자기들끼리 무언가 수군수군 이야기를 나누었어요. 언니들은 무도회 준비로 바빠 보였고, 새어머니는 밤이 깊어서야 집에 돌아오는 일이 잦아졌어요.

"그 최고급 드레스라면 분명 잘 어울릴 거예요!"

"아무렴, 왕자님이 보시면 한눈에 반하고 말 거야!"

"그런데 돈이 조금 부족해."

그렇게 대화를 나누다가도, 신데렐라가 나타나면 바로 고개를 돌리며 시치미를 뚝 떼었어요. 신데렐라는 그런 언니들과 새어머니가 미웠어요.

드디어 무도회 날이 되었어요. 신데렐라가 자는 척 하고 있으니 새어머니와 언니들은 새벽부터 호들갑을 떨며 무도회장에 가 버렸어요. 홀로 남겨진 신데렐라는 새어머니와 언니들이 얄미워 견딜 수 없었어요. 실은 신데렐라도 무도회에 가고 싶었거든요. 하지만 신데렐라에게는 아름다운 드레스도, 구두도 없었어요. 신데렐라는 한숨을 푹 쉬며 침대에서 일어났어요.

그런데 이게 웬일일까요? 신데렐라가 눈을 떠 보니 침대 위에 아름다운 드레스와 유리 구두가 놓여 있지 않겠어요? 신데렐라는 자신도 모르게 주위를 둘러보았어요. 그러나 방 안에는 신데렐라뿐이었어요.

"이게 무슨 일이지?"

그때 밖에서 말 울음소리가 들려왔어요. 깜짝 놀라 밖으로 나가 보니 눈부신 황금 마차가 서 있었어요. 그리고 황금 마차에는 작은 쪽지가 꽂혀 있었어요.

'착한 신데렐라를 위해 요정이 보내는 선물입니다. 아름다운 드레스와 구두를 신고 무도회를 다녀오세요. 하지만 밤 열두 시까지는 꼭 돌아와야 합니다. 그렇지 않으면 마법이 모두 풀리고 말 거예요.'

"요정이 날 도와주었어!"

신데렐라는 기뻐서 어쩔 줄 몰랐어요. 들뜬 신데렐라는 멋진 드레스와 유리 구두를 신고 번쩍 번쩍 빛나는 황금 마차를 타고 무도회장으로 갔어요.

신데렐라의 황금 마차는 무도회장에 있는 사람들의 눈길을 단번에 사로잡았어요. 왕자도 황금 마차에서 내리는 신데렐라를 보고 말했어요.

"저와 함께 춤을 추시지 않겠습니까?"

왕자와 신데렐라가 춤을 추자 어디선가 수군거리는 세 여자의 목소리가 들렸어요.

"세상에, 저런 유리 구두는 아무나 어울리는 게 아닐 거야."

"내가 저 저분을 아는데 얼굴만큼이나 마음씨도 곱다지."

"세상에 어느 누구라도 저 아가씨처럼 왕자님과 완벽하게 어울릴 수 있는 분은 없을 거야."

왕자는 그 소리를 듣고 어깨가 으쓱해졌어요. 그래서 왕자는 신데렐라와 계속 춤을 추었어요.

얼마나 지났을까요?

"뎅, 뎅, 뎅!"

드디어 밤 열두 시를 알리는 종이 울리기 시작했어요. 신데렐라는 당

함께
춤 추실래요?

황한 나머지 너무 급하게 나오느라 유리 구두 한 짝을 계단에 흘리고 말았어요. 왕자가 뒤쫓아 나왔지만 남은 것은 계단에 있는 유리 구두 한 짝뿐이었어요. 무도회는 끝났지만 왕자는 신데렐라를 잊을 수 없었어요. 그래서 남겨진 유리 구두 한 짝을 들고 신데렐라를 찾아 나섰어요.

드디어 왕자님이 신데렐라의 집에 도착했어요. 먼저 큰언니가 나왔어요. 큰언니는 슬쩍 유리 구두에 발을 걸치더니 유리 구두가 너무 작다고 했어요. 그 모습을 본 둘째 언니가 손을 내저으며 말했어요.

"전 됐어요. 제가 언니보다 발이 더 크니까요."

이제 신데렐라의 차례가 다가왔어요. 유리 구두는 신데렐라의 발에 꼭 맞았어요. 그제야 신데렐라는 그동안 소중히 간직하고 있던 유리 구두 한 짝을 왕자에게 내밀었어요.

왕자는 기쁜 얼굴로 신데렐라에게 청혼했어요. 왕자가 신데렐라에게 청혼을 했다는 소식은 곧 온 동네에 퍼졌어요. 동네 사람들은 입을 모아 이야기했어요.

"그동안 새어머니와 딸들이 아무리 구박해도 불평 없이 궂은일을 마다하지 않더니, 이렇게 좋은 일이 생겼어!"

"아무렴, 착한 요정이 도와서 황금 마차

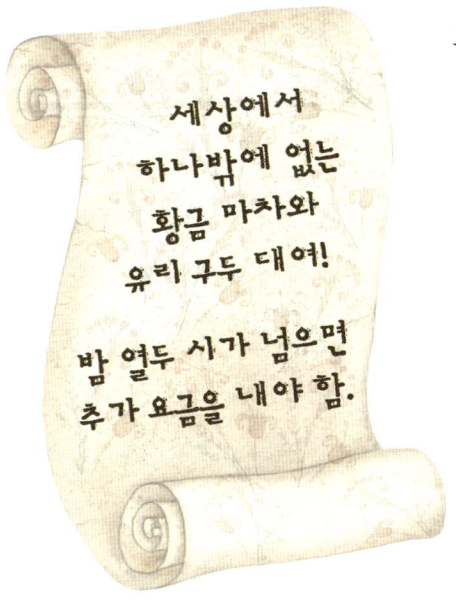

세상에서
하나밖에 없는
황금 마차와
유리 구두 대여!

밤 열두 시가 넘으면
추가 요금을 내야 함.

를 타고 무도회도 갈 수 있었다지?"

이 이야기는 왕자의 귀에도 들어갔어요. 왕자는 자신의 선택에 매우 흐뭇했어요.

며칠 뒤, 신데렐라는 마차를 타고 궁으로 향했어요. 새어머니와 언니들은 배가 아팠던지 눈에 눈물까지 글썽였어요. 신데렐라는 의기양양해하며 뒤도 돌아보지 않았어요.

그런데 마차가 어느 산길을 지날 무렵, 신데렐라는 예전에 요정이 만들어 준 그 황금 마차를 발견하고 깜짝 놀랐어요. 신데렐라가 내려서 자세히 보니 황금 마차 옆에는 커다란 표지판이 세워져 있었어요.

'세상에서 하나밖에 없는 황금 마차와 유리 구두 대여!

단, 밤 열두 시가 넘으면 추가 요금을 내야 함.'

신데렐라는 황금 마차를 대여해 주는 주인에게 물었어요. 그리고 비로소 모든 것을 알게 되었어요. 무도회 때 자신이 타고 간 그 황금 마차와 유리 구두는 새어머니와 언니들이 신데렐라를 위해 마련해 준 것이라는 것을요.

"어머니, 전 그것도 모르고……!"

신데렐라의 눈가에 눈물이 맺혔어요.

"새어머니라는 편견 때문에 어머니의 사랑을 보지 못했어."

신데렐라는 마차를 돌려 집으로 향했어요. 왕자도, 호화로운 궁전도
생각나지 않았어요. 머릿속에 떠오르는 것은 방금 전 떠나올 때 새어머
니와 언니들의 눈에 맺혔던 눈물뿐이었어요.

창의 미션

편견은 우리의 창의적 생각을 방해하는 가장 나쁜 생각 습관이에요.
신데렐라가 가진 '새어머니는 나쁜 사람일 것이다'라는 편견처럼 여러분이 가진
편견은 어떤 것이 있나요? 여러분의 생각을 가두는 편견에 대해 적어 보세요.

예) 뚱뚱한 사람은 게으를 것이다.

8

창의적인
뇌 만들기

 창의 그림 놀이

단순히 낙서처럼 보이는 것들도 창의력을 발휘하면 멋진 그림으로 변할 수 있어요. 선으로만 그려진 이 그림은 무엇이 될 수 있을까요

예시 ① – 고슴도치

예시 ② – 구름과 비

창의 미션

낙서처럼 보이는 이 그림은 무엇이 될 수 있을까요?
상상력을 발휘해서 그려 보세요.

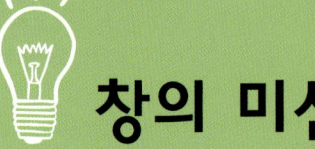

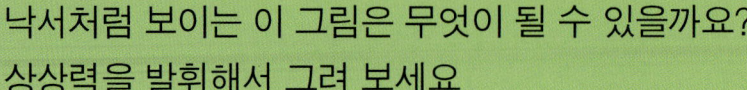

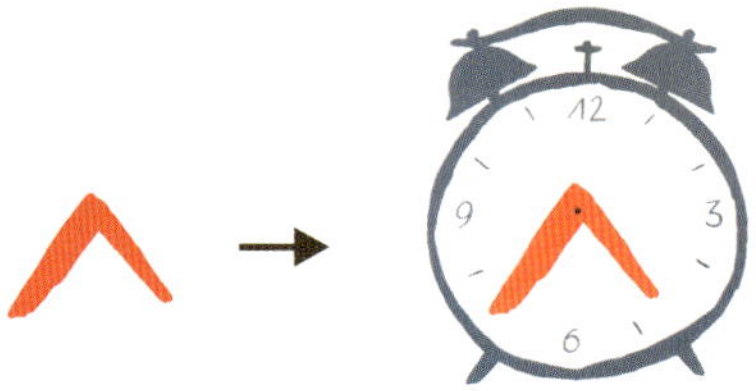

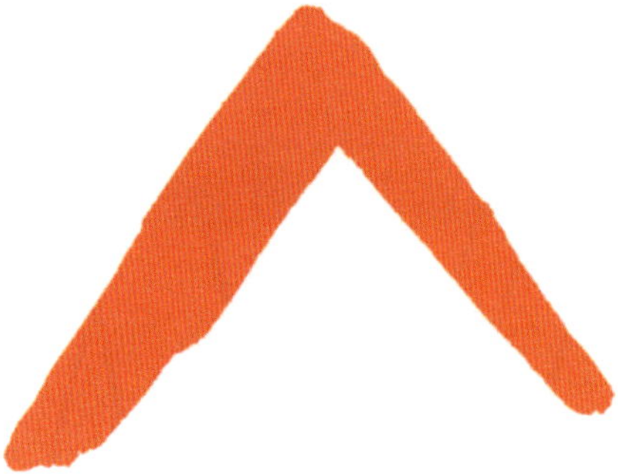

창의적인 뇌 만들기

착시 현상

갈릴레이가 지구는 태양 주위를 돈다고 주장할 때 모든 사람들은 거짓말이라고 생각했어요. 우리 눈에는 태양이 움직이는 것처럼 보였기 때문이지요. 하지만 결과적으로 갈릴레이의 말이 맞았어요. 이처럼 우리는 보이는 것이 전부가 아니라는 걸 인정하고 사물을 다양한 각도로 보고 해석하는 능력을 기르는 것이 중요해요.

착시 현상에 대한 연구는 우리 눈에 보이는 것이 모두 진실이 아니라는 것을 잘 말해 주고 있어요.

1889년 독일의 정신과 의사 뮐러 리어(Muller Lyer)는 생리학적 실험 심리학을 연구했어요. 그는 도형 및 공간의 성질에 대하여 연구하는 학문인 기하학을 연구하던 중 도형의 성질에 의해 일어나는 착각에 관한 '뮐러 리어의 도형'을 발표하였어요.

다음은 뮐러 리어의 착시를 일으키는 대표적인 도형과 보는 관점에 따라 달라지는 착시 현상 그림이에요.

① 경사져 보이는 선들이 실은 직선으로 똑바른 모양이랍니다.

② 길이가 차이 나 보이지만 두 직선은 같은 길이랍니다.

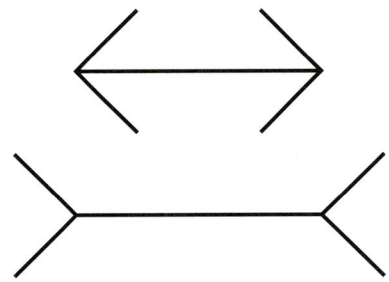

③ 휘어져 보이는 보라색 선은 사실 직선이랍니다.

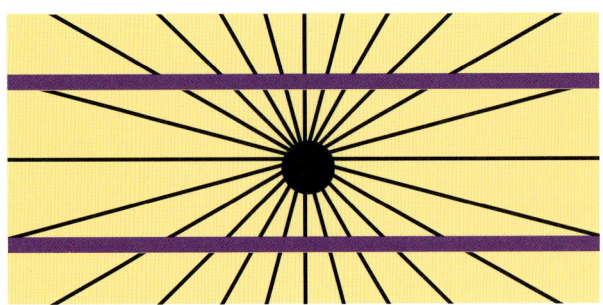

④ 중앙의 원이 움직이는 것처럼 보입니다.

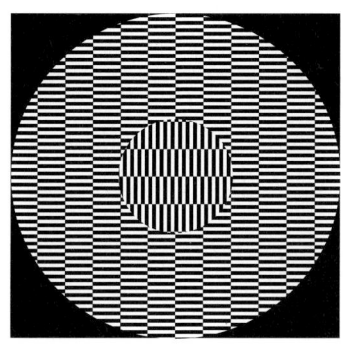

⑤ 실제로는 그려져 있지 않은 흰 삼각형이 매우 사실적으로 보입니다.

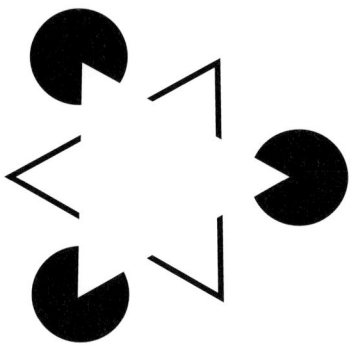

⑥ 색소폰을 부는 남성? 아니면 소녀의 얼굴?

창의 미션

우리 주변에는 어떤 착시 현상이 있을까요? 찾아보세요.

예) 자신이 타고 있는 버스는 움직이지 않았는데 옆에 있던 버스가 움직이자 뒤로 가는 것처럼 느껴진다.

8 창의적인 뇌 만들기

❗ 한 가지 사물로 여러 가지 용도 찾기

컵을 다른 용도로 쓰면 어떻게 쓰일 수 있을까요?

예) 화분

귀마개

팔찌

모자

전화기

전등갓

팔찌

촛불 받침

창의 미션

상자를 물건 넣는 것 외에 어떤 용도로 사용할 수 있을까요?
생각해 보세요.

예) 병아리 집, 썰매.

8 창의적인 뇌 만들기

! 창의 모자 만들기

모자는 꼭 사람이 쓰는 둥그런 모양의 모자만 가능할까요? 만약 동물들에게 모자를 만들어 준다면 어떤 모자가 좋을까요?

토끼 모자 : 귀가 뚫린 모자

원숭이 모자 : 바나나로 만든 모자

두더지 모자 : 손전등이 달린 모자

병아리 모자 : 엄마 닭이 병아리들을 구별하기

쉽도록 번호를 매긴 모자

133

창의 미션

늑대 모자는 어떤 것이 좋을까요?

예) 양의 탈 같은 모자.

★9★

반대편 것을
보는 힘 키우기

동해 바다 멸치 대왕

아주 오랜 옛날, 동해에 3,000년이나 산 멸치 대왕이 있었어요.

어느 날, 멸치 대왕은 아주 이상한 꿈을 꾸었어요. 자기가 하늘로 올라
갔다 내려갔다 하는 꿈인데, 하늘에서는 뭉실뭉실 뭉게구름까지 피어났
어요.

"갑자기 웬 뭉게구름이지?"

멸치 대왕이 꿈속에서 고개를 갸웃거리는데 난데없이 함박눈이 내렸
어요. 날씨는 또 얼마나 변덕스러운지 더웠다 추웠다를 반복했지요.

"정말 이상한 꿈이로구나!"

잠에서 깨어난 멸치 대왕은 동해 바닷물고기들을 모아 꿈 이야기를 했
어요. 그러자 넙치가 말했어요.

"서해 바다에 800년 묵은 망둥이 님이 산다고 합니다. 아마 그 망둥이
님이라면 대왕님의 꿈을 잘 설명해 줄 수 있을 것입니다."

넙치의 말을 들은 멸치 대왕은 행동이 빠르기로 소문
난 가자미에게 망둥이를 데려오라고 명령했어요.

가자미는 갈 길이 막막했지만 대왕님의 명령이니 거역할 수가
없었어요. 가자미는 멀고 험한 바닷길을 헤치며 서해 바다로 향했어요.
따뜻한 남해 바다를 헤엄쳐 지나자, 물이 뿌연 서해 바다가 나타났어요.
그곳에는 정말로 800년 묵은 망둥이가 살고 있었어요.

가자미는 자기가 서해 바다에 온 까닭을 망둥이에게 설명했어요.

"그래, 멸치 대왕의 꿈풀이를 해 달라 이 말이지? 그렇다면
어서 가 보자."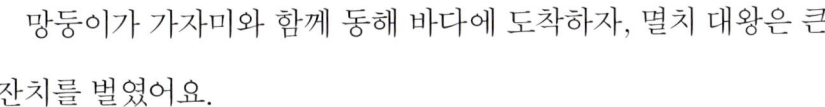

망둥이는 선뜻 가자미를 따라 나섰어요.

망둥이가 가자미와 함께 동해 바다에 도착하자, 멸치 대왕은 큰
잔치를 벌였어요.

"먼 길 오시느라 고생이 많으셨습니다. 맛난 음식 많이 드시고 기운을
차리세요."

멸치 대왕은 망둥이를 정성껏 대접했어요. 그렇지만 가자미에게는 음
식은커녕 수고했다는 말 한마디 하지 않았어요. 그러자 가자미는 슬슬
화가 나기 시작했어요.

음식을 먹고 난 뒤, 망둥이는 꿈풀이를 시작했어요.

멸치 구이라고!

"대왕께서 하늘로 올라갔다 내려갔다 하는 것은 용이 된다는 뜻입니다. 뭉게구름을 일으키고 눈을 내리게 하는 것이나 춥고 더운 것도 용이 되어 세상을 대왕님 마음대로 주무른다는 뜻입니다."

이 말에 멸치 대왕은 기분이 아주 좋아졌어요. 그때였어요. 화를 참고 있던 가자미가 소리를 빽 질렀어요.

"멸치 대왕 이놈아! 하늘로 올라갔다 내려갔다 하는 것은 네놈이 낚싯바늘에 걸린다는 뜻이다. 뭉게구름이 피어나고, 추웠다 더웠다 하는 것도 네놈을 굽기 위해 불을 피운다는 뜻이고, 흰 눈이 내린다는 것 역시 간을 맞추기 위해 소금을 뿌린다는 뜻이다!"

"뭐라고?"

멸치 대왕은 두 눈을 부라리며 가자미를 쏘아보았어요. 그렇지만 가자미 역시 물러서지 않았어요.

"흥! 용이 아무나 되는 줄 아느냐, 이놈아! 네놈 꿈은 낚싯바늘에 걸려 멸치 구이가 된다는 것이다, 알겠느냐?"

더 이상 참을 수 없게 된 멸치 대왕은 가자미의 뺨을 세게 후려쳤어요.

"입을 함부로 놀리다니! 용서할 수 없다!"

멸치 대왕에게 뺨을 얼마나 세게 맞았는지, 그 순간 가자미의 눈이 한쪽으로 몰려 붙고 말았어요.

"아이고!"

비명을 지르며 비틀대던 가자미는 그만 메기의 머리에 철퍼덕 주저앉았어요. 가자미가 주저앉는 바람에 메기 머리가 납작해지고 말았어요. 이때 겁에 질린 문어는 재빨리 눈을 떼어 엉덩이에 붙였고, 옆에 있던 병어는 그 모습을 보고 웃음을 참느라 입을 힘껏 오므렸어요.

그래서 동해 바다에는 지금도 가자미, 메기, 문어, 병어처럼 이상하게 생긴 물고기들이 많이 있어요.

창의 미션

새우가 등이 굽게 된 이유를 재밌는 이야기로 만들어 보세요.

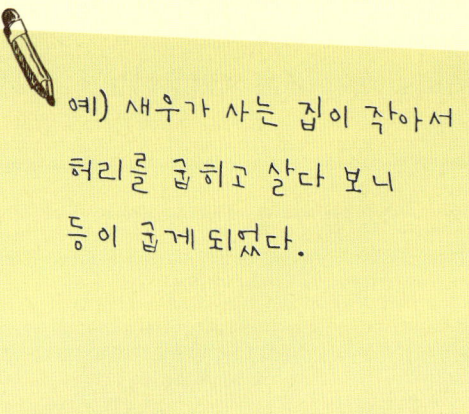

예) 새우가 사는 집이 작아서
허리를 굽히고 살다 보니
등이 굽게 되었다.

배짱 좋은 총각

옛날 옛적, 황해도 어느 마을에 장기 두기를 무척 좋아하는 배 아무개라는 부자가 살았어요. 배 부자는 장기 두기를 어찌나 좋아했는지 밥은 안 먹어도 장기는 둘 정도였어요. 물론 장기 두는 실력도 좋아서 한 번도 져 본 적이 없었어요.

배 부자에게는 예쁜 외동딸이 있었어요. 동네 총각들은 모두 배 부자의 딸과 결혼하고 싶어 안달이었지요. 하지만 배 부자의 딸과 결혼하려면 배 부자가 내는 수수께끼를 맞혀야만 했어요. 그런데 배 부자의 딸과 결혼하겠다고 수수께끼를 풀러 갔던 총각들은 모두 고개를 절레절레 흔들며 돌아왔어요. 배 부자가 내는 수수께끼는 너무 어려워서 도저히 맞힐 수가 없었거든요. 게다가 수수께끼를 맞히면 배 부자와 장기를 두어 이겨야 했지요.

"수수께끼를 낸다더니 말은 한마디도 안 하던걸."

"글쎄 말이야. 손가락만 폈다 오므렸다 하는 게 전부라니까."

"그게 무슨 뜻인지 모르니 멍하니 보고 있다가 나올 수밖에."

배 부자가 내는 수수께끼를 풀어 장가가려던 총각들은 답답하기만 했지요.

하루는 이웃 마을 총각이 소문을 듣고서는 배 부자를 찾아갔어요.

"자네는 내 딸과 결혼할 자신이 있나?"

"예."

장기라면 자신이 있었던 총각은 우렁차게 대답했어요. 그렇지만 한편으로는 배 부자가 어떤 문제를 낼지 몰라 막막했어요.

"자, 그럼 시작하세."

배 부자는 소문대로 아무 말 없이 엄지손가락 하나만 앞으로 쑥 내밀었어요. 총각은 한참을 생각하더니, 새끼손가락을 펴서 볼을 톡톡 두드렸어요. 배 부자는 그것을 보고 움찔 놀랐지요.

'허허, 이 녀석 제법이군. 세상의 최고는 남자라는 뜻으로 엄지를 내밀었더니, 새끼손가락으로 볼을 톡톡 치네. 그건 남자의 짝은 여자라는 말 아닌가?'

배 부자는 총각의 실력에 감탄하면서 두 번째 문제를 냈어요. 손가락 셋을 쫙 펴 보였지요. 사람이 마땅히 지켜야 할 세 가지 도리를 아느냐는 뜻이었어요. 그러자 총각은 다섯 손가락을 쫙 펴 보이는 거예요.

'허허, 놀랍군. 다섯 손가락이라. 사람 사이에 지켜야 할 의무 다섯 가

지도 모두 안다는 말 아닌가.'

배 부자는 짐짓 놀라더니, 이번에는 두 손을 펴서 손뼉을 짝 쳤어요. 총각도 이에 질세라 두 손을 내밀더니, 손가락을 오므렸다 폈다 하는 것이었어요.

'정말 대단한 젊은이로군. 남자와 여자가 만나 부부가 된다는 뜻으로 손뼉을 쳤더니, 결혼은 모든 일의 근본이라며 쥠쥠을 해 보이다니.'

배 부자는 이 총각이 사윗감으로 마음에 쏙 들었지요. 그도 그럴 것이 문제를 그토록 재치 있게 맞히는 총각은 처음이었으니까요. 이어서 배 부자는 총각과 장기 내기를 했어요.

총각은 장기 내기도 이겨 마침내 배 부자의 딸과 결혼하게 되었어요. 결혼식이 끝나고, 신랑과 신부는 신방에 들었어요. 단둘이 있게 되자, 배 부자의 딸은 궁금해서 견딜 수 없다는 듯이 신랑에게 물었어요.

"서방님께서는 어려운 문제를 어찌 그리 쉽게 푸셨나요?"

그러자 신랑은 의기양양하게 대답했지요.

"어렵긴요. 장기만 조금 둘 줄 알면 쉽게 풀린다오."

"장기라고요?"

배 부자의 딸은 어리둥절해서 눈이 휘둥그레졌어요.

"글쎄, 장인어른이 엄지손가락을 쑥 내밀잖소. 그건, '내가 세상에서 장기를 제일 잘 둔다'는 뜻일 테지요. 그래서 내가 자랑하다 지면 부끄럽지 않겠느냐는 뜻으로 새끼손가락으로 볼을 톡톡 쳤지요."

"그렇다면 세 손가락을 펼쳤을 때는요?"

"그야 장인어른이 '나는 장기를 둘 때, 세 수 앞을 내다본다'고 하기에 나는 다섯 수 앞을 내다본다고 한 거요."

"그럼, 손뼉을 쳤을 때는요?"

"장기 한 판 두자시기에 장인어른 실력 정도라면 손으로 주물러 드리겠다고 쥠쥠 흉내를 냈지요."

이 말을 다 듣고 놀란 신부는 신랑에게 문제의 뜻을 바르게 가르쳐 주었어요. 그제야 신랑은 부끄러워 얼굴이 빨갛게 달아올랐어요.

"그럼 내가 엉터리로 문제를 풀었군요."

"비록 당신이 엉터리로 문제를 풀기는 했지만, 그 정도 지혜라면 세상의 어떤 일도 어려울 게 없겠지요. 서방님, 우리 앞으로 서로 도우며 열심히 살아가요."

이렇게 해서 배짱 좋은 총각과 배 부자의 딸은 아들딸 낳고 행복하게 잘 살았어요.

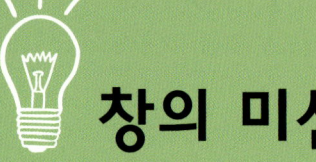

창의 미션

배 부자가 낸 문제를 다르게 해석해서
자신만의 방식으로 답해 보세요.

예) 엄지손가락을 내밀면
나도 엄지손가락을 내밀어
손가락 싸움을 한다.

9

반대편 것을 보는 힘 키우기

삼년 고개

옛날 어느 마을에 신기한 이름을 가진 고개가 있었어요.

고개의 이름은 삼년 고개였어요. 삼년 고개를 넘어갈 때 사람들은 모두 조심조심 걸어가야 했어요. 왜냐고요? 고개를 넘다가 넘어지면 삼년 밖에 살지 못한다는 말이 있었기 때문이었어요. 사실인지 아닌지는 모르지만 어쨌거나 그 마을의 사람들은 모두 그렇게 믿고 있었어요.

그런데 어느 날이었어요. 돌쇠 할아버지가 그만 잔칫집에서 술을 잔뜩 드시고 고개를 넘다가 삼년 고개에서 꽈당 넘어지고 말았어요.

넘어져서 무릎이 아픈 것은 잠깐이었어요. 돌쇠 할아버지의 얼굴에 걱정이 가득했지요.

"아이고, 아이고. 나는 이제 죽었네. 앞으로 3년밖에 못 살게 생겼어."

돌쇠 할아버지는 며칠 동안 걱정만 하다 그만 자리에 몸져눕고 말았어요. 동네에는 돌쇠 할아버지가 삼년 고개에서 넘어졌다는 소문이 순식간에 퍼졌어요.

"돌쇠 할아버지가 어쩌시다가……. 조심하시지."

"이제 3년밖에 못 사시니 안 된 일이지 뭐야."

마을 사람들은 수군거리며 할아버지 걱정을 했어요. 돌쇠네 집도 할아버지 걱정으로 가족들 모두 근심 어린 표정이었어요. 급기야 돌쇠 할아버지는 아무것도 드시지 못하고 끙끙 앓기만 했어요.

돌쇠는 이러다 가족 모두가 큰일이 날 것만 같았어요. 며칠 동안 돌쇠는 뭐 좋은 수가 없나 곰곰이 생각했어요. 그때 돌쇠의 머릿속에 좋은 생각이 떠올랐어요.

"옳지, 그러면 되겠구나!"

돌쇠는 무릎을 탁 치고는 얼른 할아버지께 달려갔어요.

"할아버지, 이제 걱정하실 것 없어요."

"아니, 돌쇠야. 그게 무슨 말이냐?"

"할아버지, 삼년 고개에서 한 번 더 넘어지세요. 그러면 6년을 더 살고, 또 한 번 넘어지시면 9년을 더 사실 수 있잖아요. 자꾸자꾸 넘어지시면 할아버지 마음대로 오래오래 사실 수 있어요."

돌쇠 할아버지가 그 말을 듣고 벌떡 일어났어요.

"그래, 내가 왜 그 생각을 못 했

지. 역시 우리 돌쇠밖에 없구나. 내 얼른 다녀오마."

할아버지는 어디서 그런 힘이 솟았는지 자리를 훌훌 털고 일어나 부리나케 삼년 고개로 달려갔어요.

그러고는 떼구르르 한 번 굴렀어요.

또 떼구르르 두 번 굴렀어요.

할아버지는 마음껏 삼년 고개에서 구르며 날아갈 듯 즐거웠어요. 돌쇠 할아버지를 따라 온 돌쇠와 가족들도 덩달아 신이 났지요.

"할아버지, 많이 구르셔서 오래오래 사세요."

돌쇠 할아버지는 돌쇠의 지혜로 오래오래 사셨대요.

창의 미션

자신이 가장 좋아하는 것의 좋은 점과 나쁜 점을
각각 다섯 가지씩 적어 보세요.

예) 강아지

좋은 점 : 내 말을 잘 듣는다.

나쁜 점 : 털이 날려 방이
　　　　　지저분해진다.

10

멀리서 새로운 관점으로 바라보기

산타로스에서 본 지구

산타로스에서 사는 우주인은 여러 별들을 관찰하다 어느 날 지구별을 발견했어요. 산타로스별과 지구는 거의 우주의 끝과 끝이어서 산타로스의 우주인이 지구를 발견하는 데는 오랜 시간이 걸렸어요.

산타로스에 사는 우주인은 먼저 지구별이 어떤 별인지 자세히 살펴보기로 했어요.

산타로스의 우주인이 지구에 대해 알아본 결과, 지구인은 산타로스인에 비해 지능이 월등히 떨어지고 자신들의 과학 기술보다도 5,000년 정도 뒤떨어진 상태였어요.

지구인들은 지구인 종족끼리 서로 싸우고 죽이는 일이 허다했고 그것을 금지하는 법이 존재하긴 했지만 그 법을 간혹 가장 우두머리가 어기기도 했어요.

게다가 더더욱 심각한 것은 자신의 종족들이 아니면 무시하기도 하고 폭력적으로 대하기도 하는 것이었어요. 지구를 다스리는 것처럼 보이는 종족은 인간이라고 불렀는데 이들이 대부분의 종족을 다스렸어요. 인간이라는 종족은 다른 종족을 동물, 짐승이라고 부르며 자신들이 다스려야 한다고 믿고 있어요. 그들은 동물들을 지능이 낮다는 이유만으로 좁은 우리에 가두어 구경을 하는가 하면 심지어 잡아먹기도 해요. 동물과 인간의 차이는 동물들은 생존을 위해서만 다른 종족을 잡아먹는데 인간들은 자신들의 필요에 따라 동물들을 가차 없이 희생시키는 데 있었어요. 그래서 어떤 동물 종족은 아예 지구에서 사라져 버리기도 했어요.

　하지만 산타로스인이 볼 때, 인간들과 동물들의 지능 차이는 그리 크지 않았어요. 오히려 인간들과 산타로스인의 지능 차이가 컸지요. 더 지

능이 높은 자가 지배한다는 지구별 인간들의 생각에 의하면 산타로스인이 인간을 지배해도 된다는 거였어요. 하지만 산타로스인들에게 그럴 생각은 없었어요.

산타로스인들이 생각하기에 이대로 사람을 그냥 뒀다가는 곧 지구별은 위험에 처하게 될 것 같았어요. 인간이라는 종족 하나 때문에 지구에 생존하는 모든 종족들이 몰살당할 위기에 처해 있는 거였으니까요.

산타로스인들은 우선 인간이라는 종족이 좋은 방향으로 개선이 가능한지 실험하기 위해 여러 종류의 인간들을 산타로스로 데려왔어요.

산타로스인들은 인간들을 실험용 유리 상자에 가두고 관찰하기 시작했어요.

처음에 인간들은 실험용 유리 상자에서 두려움에 떨었으나 먹을 것과 온도를 맞춰 주고 여러 가지 편리한 시설을 갖춰 주자 곧 안정된 모습을 보이기 시작했어요.

인간들이 연구할 때 실험용 쥐를 사용하는 것처럼 산타로스인들은 잔인한 방법을 사용하지 않았어요. 레이저를 통해 뇌를 검사하고 그들의 정신과 기억, 마음 등을 연구했어요.

산타로스에 사는 일부 우주인은 어리석고 무지한 지구별 인간들을 지구에서 다른 동물에게 저지른 짓 그대로 우리에 가두고 구경하고 싶어 했지만 대부분의 산타로스인들은 허락하지 않았어요.

연구 결과, 지구별 인간들의 일부는 완전히 절망적이지는 않다는 결론이 나왔어요.

산타로스의 우주인들은 이제 인간들을 어떻게 해야 할지 고민이었어요. 지능은 그리 높지 않으나 건강한 정신을 가지고 지구를 살리고자 하는 인간들이, 자신들의 힘으로 지구를 살릴 수 있도록 두어야 한다는 의견과 그렇게 되기 위해서는 지구에 너무 많은 희생이 따르고 또 그것이 실제로 가능한지도 의문이 든다는 의견이 있었어요. 그 때문에 건강한 인간들을 제외한 나머지 지구인들을 모두 산타로스별로 이동시켜 뇌 구조를 바꿔 산타로스의 일꾼으로 사용하자는 의견과 그들이 한 짓이 어떤 것인지 알도록 산타로스별에 동물원을 만들어 가두어 구경하고 실험용 인간으로 사용하거나 애완용 인간으로 사용하자는 의견도 있었어요. 물론 인간들이 그 모든 일을 당연하게 받아들이도록 정신을 조절하는 장치를 뇌에 심어야 하겠지요.

산타로스에 사는 우주인들은 어떤 선택을 할까요?

창의 미션

만약 지구에서 가장 지능이 높은 종이 인간이 아니고 원숭이라면
지구는 어떤 모습으로 살고 있을까요? 적어 보세요.

예) 인간들이 원숭이를 위해
바나나 농장에서 일을
해야 할 것이다.

동물 학교

어느 숲 속 마을에 동물들이 살고 있었어요. 맑은 샘과 맛있는 열매, 마음껏 뛰어놀 수 있는 숲이 있어 어린 동물들은 하루하루가 즐거웠어요. 그리고 점점 호기심도 늘어서 배우고 싶어 하는 것도 많아졌어요. 그러자 어른 동물들은 어린 동물을 위해 학교를 세우기로 결정했어요. 학교에서 가르칠 과목으로는 달리기와 헤엄치기, 멀리뛰기, 날기 등으로 정했어요.

학교가 세워진다는 소식에 어린 동물들은 기뻐서 잠을 자지 못할 정도였어요.

"학교가 생기면 얼마나 재밌을까?"

"맞아, 얼른 학교가 생겼으면 좋겠어."

이 소식은 다른 마을에까지 퍼져 나갔어요.

"학교에 들어가면 더 많은 친구를 사귈 거야."

"나는 춤을 배우고 싶어."

심지어 캥거루와 펭귄은 학교에 입학하려고 이사를 오기까지 했어요.

드디어 학교가 문을 열었어요. 첫 수업은 수영이었지요. 백조는 멋진 수영 실력으로 칭찬을 받았어요.

"어쩜 저렇게 우아하고 아름답게 헤엄을 칠 수가 있지?"

모두들 백조를 부러워했어요. 그러나 백조에게는 고민이 있었어요. 바로 달리기 과목이 문제였지요.

백조는 한숨을 내쉬며 선생님에게 말했어요.

"제 발은 원래 물갈퀴 모양이라 헤엄치는 데는 좋지만 땅에서는 잘 달릴 수 없어요."

하지만 학교에서 가르치는 것은 배워야 한다는 대답뿐이었어요. 어쩔 수 없이 백조는 방과 후에 남아 달리기를 배워야 했어요.

뒤뚱뒤뚱, 뒤뚱뒤뚱, 철퍼덕!

백조는 빨리 달리려 했지만 그럴수록 마음이 급해져 자꾸만 넘어졌어요. 엉덩이는 시커멓게 멍이 들고 발은 온통 상처투성이가 되었지요. 백조는 상처 난 발 때문에 잘하던 수영마저도 제대로 할 수 없게 되었어요.

"난 왜 이렇게 달리기를 못할까!"

어느 순간 백조는 자신이 수영을 잘했으며, 얼마나 아름답고 우아했는지조차 전부 잊어버리게 되었어요.

한편 타조는 달리기를 아주 잘했어요. 길고 쭉 뻗은 두 다리로 휙휙 시원하게 달렸지요. 순간적으로 속도를 높여서 아주 빠르게 달릴 수도 있었어요. 긴 다리를 이용해 멀리뛰기에서도 꽤 괜찮은 점수를 받았지요. 하지만 날기 과목이 문제였어요.

"타조 너는 날개가 있는데 왜 날지 못하는 거냐? 제대로 노력을 해야지, 노력을!"

학교 선생님의 꾸중에 타조는 날개를 펼쳐 보이며 억울하다는 듯 말했어요.

"날개는 있지만, 제 날개는 하늘을 나는 날개가 아니에요."

"변명은 필요 없어. 날개가 있으면서도 하늘을 못 난다는 게 말이 되니?"

타조는 100점 만점에 10점을 받았어요. 아예 날개가 없어 날지 못하는 다른 학생들보다 더 형편없는 점수였어요.

"똑같이 날지 못했는데 왜 제 점수만 더 낮나요?"

"너는 날개가 있는데도 노력하지 않는 불성실한 학생이기 때문이지."

타조는 학교의 대답에 할 말을 잃었어요.

캥거루는 학교에서 멀리뛰기를 가장 잘했어요. 선생님보다도 더 멀리 뛸 수도 있었어요. 하지만 달리기 시간에는 항상 선생님에게 지적을 받았어요. 두 발을 한데 모아 뛰는 자세 때문이었어요.

"너는 왜 폴짝폴짝 뛰는 거니? 달리기는 발을 번갈아 뛰어야 하는 거야. 이건 멀리뛰기가 아니라고."

"저는 번갈아 뛰는 것보다 두 발을 모으는 편이 훨씬 편하고 빠른 걸요."

학교는 두 발을 모으고 달리는 방법을 인정하지 않았어요. 캥거루는 다른 학생들처럼 한 발씩 번갈아 뛰는 방법을 연습해야 했어요. 그토록 잘하던 멀리뛰기 과목까지 포기해 가며 연습에 매달렸지요. 그러다 결국 발목에 이상이 생겨 병원에 입원하고 말았어요.

날기 과목에선 단연 독수리가 최고였어요. 높고 빠르게 날 뿐만 아니라, 하늘의 높은 곳에서 수직으로 재빠르게 내려올 수도 있었어요. 하지만 독수리의 날기 점수는 70점밖에 되지 않았어요.

독수리는 학교 선생님에게 따졌어요.

"저는 우리 학교에서 날기로는 최고인데 어째서 점수는 70점인가요?"

"네 날갯짓은 너무 산만해. 게다가 위협적이기까지 하잖아."

"하지만 이건 제가 나는 방식이에요. 게다가 저는 누구보다 빠르게 내려올 수도 있다고요."

"누구보다 빨리 내려오면 뭐 하니, 그건 시험 과목에 없는데."

독수리는 도무지 납득할 수 없었어요. 그러자 학교는 독수리에게 한 달 동안 뒷동산 청소를 시켰어요. 독수리는 부리로 뒷동산 잡초를 뽑으며 결심했어요.

'두고 봐, 앞으로는 절대 열심히 수업을 듣지 않을 테니까. 비뚤어질 거라고.'

누구보다 높고 빠르게 나는 능력을 가졌던 독수리는 그 뒤로 문제아로 찍혀 학교의 골칫덩이가 되고 말았어요.

곰 선생님은 점점 비뚤어져 가는 독수리가 너무나 안타까웠어요. 독수리가 가진 특별한 능력을 살려 주고 싶었지요. 그래서 학교에서 치르는 시험 대신 독수리의 '하늘을 날다 빠르게 내려오기' 능력을 특기로 인정해 주자고 제안했지만 거절당하고 말았어요.

그렇게 시간이 흘렀어요. 동물 학교의 1등은 수영도 어느 정도 하는 데다 날기도 그럭저럭, 달리기도 그럭저럭, 멀리뛰기도 그럭저럭 할 줄 아는 펭귄이 차지했어요.

꼴등은 누가 했을까요?

바로 올빼미였습니다.

모든 수업을 낮에 하는 바람에 아무것도 할 수가 없었거든요. 한편 너구리와 여우와 오소리는 동물 학교에 입학조차 하지 못했어요. 땅굴을 파는 동물들을 받아주지 않았거든요. 학교 운동장을 멋대로 파 버리면 곤란하다는 이유였지요.

동물 학교 제1회 졸업식 날, 학교에는 많은 손님들이 왔어요. 심지어 방송국에서도 촬영을 나왔어요. 학생들은 마치 학교의 일부가 된 듯 가지런히 줄지어 서 있었어요.

"철없는 망아지 같던 우리 아이들이 이렇게 어른스러워졌군요."

어른들은 똑바른 자세로 모두 서서 마치 한 사람처럼 한 목소리로 졸업가를 부르는 학생들을 뿌듯한 눈으로 바라보았어요.

1등을 한 펭귄은 졸업생 대표로 축사를 읽었어요. 졸업식이 끝나자 기자들이 펭귄을 둘러싸고 물었어요.

"이번에 1등을 한 비결이 뭡니까?"

"선생님이 시키는 대로만 했을 뿐이에요."

"그럼 가장 아쉬웠던 점은 무엇인가요?"

"춤을 좀 배우고 싶었는데 그런 건 한 번도 배울 수 없었어요."

그러자 기자들이 고개를 갸우뚱하며 다시 물었어요

"춤을 배우고 싶다고 말하지 그랬나요?"

펭귄이 무덤덤하게 대답했어요.

"학교는 배우고 싶은 것을 가르쳐 주는 곳이 아니더라고요. 그렇게 생각하고 나니 편했어요."

실망한 기자들은 이제 앞으로 무엇을 할 계획인지 물었어요. 그러자 펭귄은 망설임 없이 말했어요.

"캥거루의 병문안을 갈 거예요. 1등을 하기 위해 한 번도 가 보지 못했거든요."

창의 미션

동물의 입장에서 하루 일기를 적어 보세요.

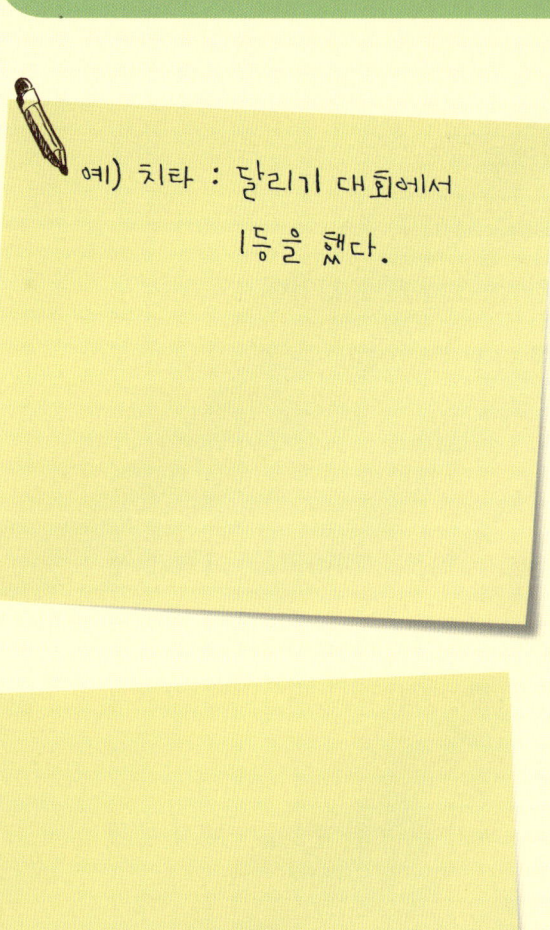

예) 치타 : 달리기 대회에서
          1등을 했다.

10 멀리서 새로운 관점으로 바라보기

괴짜들이 받는 상, 이그노벨상

세상 사람들이 가장 받고 싶어 하는 상은 아마 노벨상이겠지요. 그런데 노벨상이 발표되기 며칠 전 노벨상 못지않게 관심을 끄는 상이 있어요. 바로 이그노벨상이에요. 이 상은 다시 할 수도 없고 해서도 안 되는 기발한 연구나 업적에 상을 줘요. 즉, 누구도 흉내 낼 수 없는 연구에 상을 주는 것이지요. 이그노벨상은 하버드 대학의 유머 과학 잡지가 과학에 대한 관심을 불러일으키기 위해 만든 상이에요. 이그노벨상은 노벨상을 풍자해 만들었고 고상한 노벨상과는 거리가 먼 괴짜들의 노벨상이에요. 주로 세상에서 한 번도 시도해 보지 않은 획기적인 발상이나 연구, 일반적인 고정관념을 뛰어넘는 업적을 가장 높이 평가해요. 좀 더 세밀한 선정 기준을 알아보자면, 그 연구는 사람들에게 웃음을 주어야 하고 그 웃음이 호기심으로 이어져야 한다는 거예요. 그러니까 유머와 창의력이 이 상의 수상 포인트인 셈이지요.

물론 노벨상과 마찬가지로 시상 분야는 평화, 사회학, 물리학, 문학,

생물학, 의학, 수학, 환경 등 열 개 분야예요.

그럼 역대 이그노벨상의 수상작이 얼마나 기발하고 엉뚱한지 살펴볼까요?

2010년도에는 양말을 구두 위에 신으면 빙판에서 미끄러질 위험이 줄어든다는 사실을 밝혀낸 뉴질랜드 의사와 원격 조정 헬리콥터로 고래의 콧물을 모으는 방법을 개발한 과학자들이 수상했어요. 2009년 의학상은 이름을 가진 젖소가 이름을 갖지 못한 젖소보다 더 많은 우유를 생산해 낸다는 것을 증명한 영국 뉴캐슬대 연구팀이 받았고, 공중 보건 분야에서는 여성의 브래지어를 방독면으로 활용하는 아이디어가 화제를 모

으기도 했어요. 또 개벼룩이 고양이벼룩보다 더 멀리 점프할 수 있다는 사실을 발견한 연구팀도 수상의 영광을 얻었어요.

2011년 이그노벨 평화상으로는 주차 위반자들에게 본때를 보여 주기 위해 장갑차로 불법 주차 차량을 깔아뭉갠 리투아니아 수도 빌니우스시의 아투라스 주오카스 시장이 선정되었어요. 물리학상으로는 왜 원반던지기 선수는 어지럼증을 느끼는데 해머던지기 선수는 그렇지 않은가를 판별한 프랑스, 네델란드 연합팀이 차지했어요.

우리나라 사람 중에도 수상자가 있었어요. 1999년 향기 나는 양복으로 권혁호 씨가 환경 보호상을 받았어요.

어때요? 재밌고 기발하지요? 이 이그노벨상의 참가자들은 할 일 없는 공상가들이 아니라 세계적인 과학자나 교수진, 그리고 연구팀이 참석하는 걸로 유명할 뿐만 아니라 이그노벨상 수상자가 진짜 노벨상을 수상하는 경우도 있었어요.

상금도 없고 시상식 참가비는 각자 부담해야 하지만 이 상에 이토록 세계적인 인물들이 참가하는 이유는 바로 새로운 발상에 도전하는 거대한 창의력 축제를 경험하고 즐길 수 있기 때문이에요. 또 그 즐거운 창의력이야말로 과학자들이 가장 갖추어야 할 능력이기 때문이에요.

어때요? 여러분도 이그노벨상에 도전해 보지 않겠어요?

우리의 창의력을 높이는 방법 중 가장 좋은 방법은 한 번도 해 보지 않은 일을 시도해서 새로운 세계를 만나는 거예요.

자신이 이제껏 해 보지 못한 것을 해 보는 것이나, 한 번도 가 보지 않은 곳을 가 보는 것, 늘 놀던 친구 말고 좀 어렵거나 이상하다고 여기던 사람과 대화해 보는 것, 전혀 입지 않던 옷 스타일을 한번 입어 보는 것, 늘 해 오던 익숙한 행동 말고 엉뚱한 행동을 해 보는 것도 창의력에 좋은 밑거름이 되지요. 다른 행동과 다른 시도는 다른 생각을 떠오르게 하거든요.

창의 미션

여러분은 어떤 연구로 이그노벨상에 도전할 수 있을까요?
기발한 연구 소재를 찾아보세요.

예) 고무줄을 튕겨서 나는 소리로
음악을 연주하기.

★11★

융합, 서로 다른 것을 연결시키기

11
융합, 서로 다른 것을 연결시키기

 ## 연필과 지우개의 만남

필라델피아에 사는 가난한 화가 하이만은 데생을 하다 그만 연필을 내던졌어요.

"도대체 지우개가 또 어디로 간 거야?"

그림을 그리다 말고 사라진 지우개를 찾는 건 정말이지 짜증나는 일이었어요.

그는 생각다 못해 한쪽 손에 지우개를 쥐고 그림을 그렸어요. 그러나 그것도 좋은 방법은 아니었어요. 지우개가 땀에 젖어 잘 지워지지도 않았고 오히려 도화지에 얼룩이 생겼기 때문이지요.

그는 다시 지우개에 구멍을 뚫어 실로 매어 놓고 썼어요. 그러나 이 방법도 별로였어요. 당시 지우개는 탄력이 없어 실로 묶은 곳이 자꾸 조각조각 부서졌지요.

"좋은 수가 없을까?"

그는 데생 연필을 쥔 채 곰곰이 생각했어요.

171

"연필처럼 늘 손 가까이 있는 지우개, 그림을 그리다 곧바로 사용할 수 있는 지우개……. 어떻게 해야 잃어버리지 않을 수 있을까?."

순간 그의 머릿속에 좋은 생각이 떠올랐어요. 연필 꼭지에 지우개를 달면 간단할 것 같았지요.

그는 조그만 양철 조각으로 연필 끝에 지우개를 붙여 실제로 사용해 보았어요. 정말 편리했지요. 그림을 그리다 연필만 뒤집으면 바로 지우개를 사용할 수 있었으니까요.

며칠 후, 집으로 놀러온 친구는 그가 만든 지우개 달린 연필을 보고 깜짝 놀랐어요.

"너 대단한 걸 발명했구나. 어서 특허를 내자!"

하이만은 친구 말대로 정식으로 특허를 냈고, 얼마 후에 '리버칩'이라는 연필 회사에 특허권을 팔았어요. 그리고 연필 한 자루가 팔릴 때마다 정가의 2퍼센트를 사용료로 받았지요.

가난한 화가 하이만은 지우개 달린 연필 하나로 순식간에 55만 달러를 벌어들였어요.

창의 미션

주변의 여러 가지 물건들 중 함께 연결시키거나 합쳐져서
편리할 만한 것이 무엇이 있을까요?

예) 컵과 찻숟가락.

융합, 서로 다른 것을 연결시키기

기술과 예술을 합친 스티브 잡스

스티브 잡스의 아버지는 기계공이었어요. 그래서 차고에 작업실을 마련하면서 아들인 스티브 잡스에게도 차고에서 여러 가지 물건들을 만들고 고치는 일을 하게 해 주었어요. 스티브 잡스는 그곳에서 여러 가지 공구들을 가지고 놀았을 뿐 아니라 아버지가 여러 가지 물건들을 만들고 고치는 것을 직접 볼 수 있었어요. 덕분에 스티브 잡스는 나중에 라디오를 완전 분해할 수 있었고, 설명서에 따라 다시 조립할 수도 있게 되었어요.

그런 경험은 스티브 잡스에게 여러 기계를 만들 수 있다는 자신감을 심어 주었고, 결국 초등학교 시절부터 갖가지 기계들을 조립하고 발명하게 되었어요. 그때부터 그는 천재 엔지니어로서의 길에 들어섰어요. 그런데 이 천재 엔지니어는 다른 엔지니어들과는 좀 달랐어요. 보통 엔지니어들은 오로지 기계에만 관심이 있는데 스티브 잡스는 비틀즈 음악과 셰익스피어 문학을 사랑했고, 붓글씨에 관심이 많았으며, 동양 철학에도 깊이

심취했어요.

　또 얼마나 독서를 좋아하는지 초등학교 선생님은 스티브 잡스의 통지표에 엄청난 독서를 하느라 너무 많은 시간을 허비한다고 평가할 정도였어요. 결국 그는 대학을 그만두고 자신의 전공과목이 아니라 붓글씨같이 자신이 좋아하는 과목들을 배우러 다녔고, 심지어 회사마저 그만두고 동양 사상에 빠져 인도를 여행하기도 했어요.

　이처럼 엔지니어의 삶과는 아무런 상관도 없어 보이던 생소한 분야와의 깊은 만남들은 그가 개인용 컴퓨터인 애플을 만들어 낼 때 모두 연결되어 갖가지 요소에 쓰이게 되었어요.

그가 만든 컴퓨터에는 그가 예전에 배운 아름다운 붓글씨 서체가 담겨 있었고, 그의 예술에 대한 관심은 어떤 누구도 흉내 낼 수 없는 아름다운 디자인으로 변신해 모든 사람들이 갖고 싶어 하는 컴퓨터를 만드는 밑거름이 되었어요.

이렇게 스티브 잡스는 여러 분야를 넘나들며 경험하고 배운 것들을 서로 연결시키고 새로운 것을 창조해 내는 능력을 발전시켜 결국 고정되어 있는 컴퓨터와 이동이 가능한 휴대폰을 결합해 걸어 다니면서 인터넷이 가능한 아이폰을 만들어 내었어요. 이 아이폰은 단순한 두 기술의 만남을 넘어 누구도 흉내 낼 수 없는 미적 아름다움마저 가지고 있어, 이 기계가 처음 나왔을 때 줄을 서서 살만큼 인기가 많았어요.

그래서 사람들은 스티브 잡스의 창조적 능력은 서로 다른 분야들을 완벽하게 융합해 냄으로써 가능한 것이라고 평가해요. 과학과 인문학을 하나로 합치고, 기술과 예술을 하나로 모아 상상을 현실로 표현해 낸 천재라고 말이지요.

창조는 서로 다른 다양한 것들을 연결시켜 제대로 융합했을 때 이루어져요. 이렇게 서로 다른 것들을 연결시키려면 다양한 분야에 관심이 필요하고 다양한 분야의 경험이 필요해요. 만약 쉽게 경험할 수 없는 분야가 있다면 독서를 통해 간접 경험을 하는 것도 좋은 방법이에요. 화가,

음악가, 배우, 의사, 과학자 같은 다양한 분야의 친구들이 많으면 더 좋겠지요. 또한 서로 다른 분야와의 만남을 위해서는 다른 사람과 마음을 열고 이야기하고 나누는 소통이 무엇보다 중요해요.

창의 미션

아래 물고기 그림에서 성냥개비 네 개만 옮겨서
뼈만 남은 물고기를 만들어 보세요.

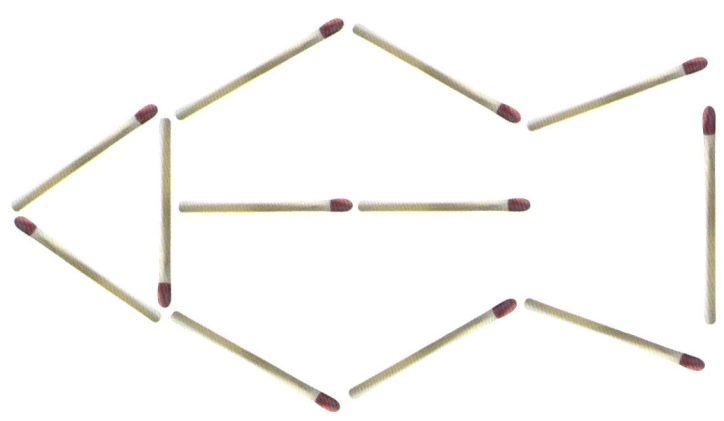

11
융합, 서로 다른 것을 연결시키기

농촌과 도시의 만남

농사는 꼭 시골 농장에서만 지어야 할까요? 우리가 먹는 먹을거리를 직접 농사지어서 먹을 수는 없을까요? 그렇다고 도시에 사는 우리가 매일 넓은 농장이 있는 시골까지 나가 농사를 지을 수는 없는 일이지요. 그것은 바쁜 현대인들에게 매우 어려운 일이에요.

이런 고민을 실제로 해결한 곳이 있어요. 바로 일본의 도시 빌딩형 농장이에요.

높은 빌딩에는 보통 먹을거리 상점이나 다양한 편의 시설이 들어서 있는데, 이 빌딩형 농장의 1층에는 쌀농사를 지을 수 있도록 해 놓고, 2층에는 과일 농장, 3층에는 채소 농장을 두어 직접 농사를 지어 먹을 수 있도록 해 놓았어요.

그게 어떻게 가능하냐고요? 실내에 맞는 농사법인 수경 재배를 하고 있으며, 여러 앞선 과학 기술을 이용해 실내에 적합한 비료와 기술을 사용하고 있기 때문이에요.

　게다가 실내에서 농사를 짓다 보니 태풍이나 병충해도 없어 농사짓기에 유리한 점도 있어요.

　또한 멀리 시골로 농촌 체험을 떠날 필요도 없고, 우리 먹을거리를 우리가 직접 기르고 먹으니 무엇보다 안전하고 신선한 음식을 먹을 수 있게 되었지요. 그뿐만 아니라 가족 모두 농사를 짓게 되니 열심히 일해서 얻은 음식물을 더 귀하게 여기는 마음도 기르게 되었어요. 그래서 그곳에 입주해 살고 있는 사람들은 무척이나 만족스러워하고 있다고 해요. 도시에 농촌의 삶을 연결한 창의적 발상이 이 모든 것을 가능하게 했어요.

창의 미션

우리나라 전통 음식과 서양의 음식을 서로 합해서
만들 수 있는 음식을 생각해 적어 보세요.

예) 김치 샌드위치

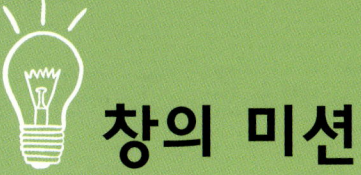

창의 미션 해답

35쪽

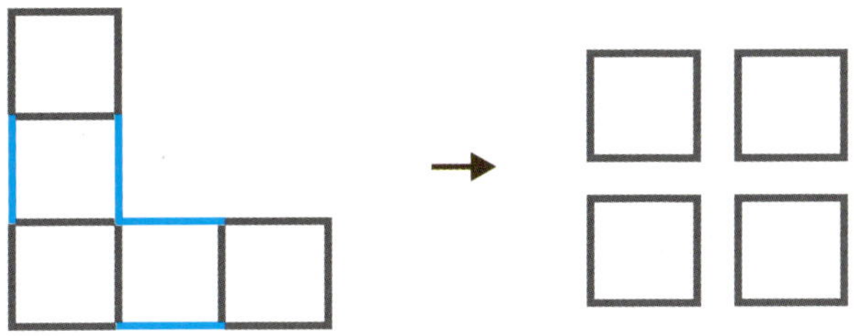

61쪽

179쪽

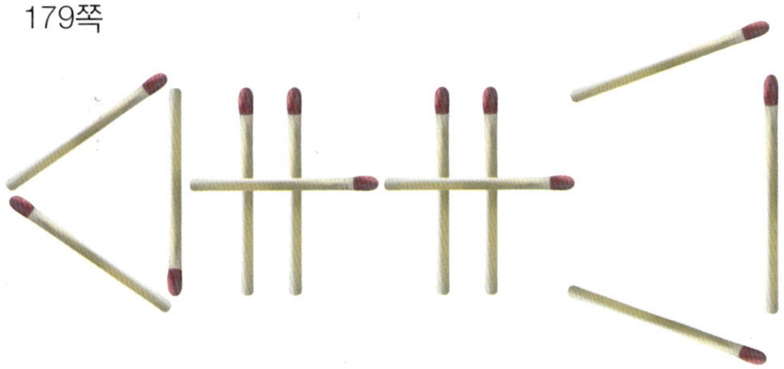

백만 엄마들의 가슴을 뛰게 만든 바로 그 책,
〈공부가 되는〉 시리즈

- 재미와 호기심을 충족시키며 교과 연계 학습까지 되는 **기초 교양 학습서**

- 연이은 백만 엄마들의 뜨거운 호평, **출간 즉시 베스트셀러 도서**

- 통섭과 융합형 교과서로 **하버드 대학 교수가 추천한 도서**

공부가 되는 세계 명화
글공작소 글 | 18,000원

공부가 되는 한국 명화
글공작소 글 | 18,000원

공부가 되는 식물도감
글공작소 엮음 | 37,000원

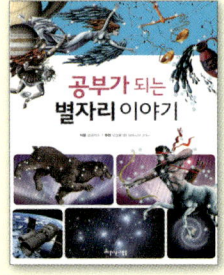

공부가 되는 별자리 이야기
글공작소 글 | 12,000원

공부가 되는 공룡 백과
글공작소 글 | 장은경 그림 | 13,000원

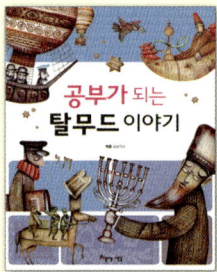

공부가 되는 탈무드 이야기
글공작소 엮음 | 12,000원

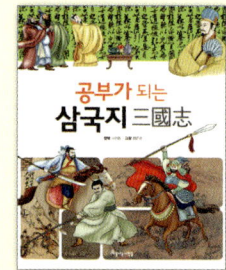

공부가 되는 삼국지
나관중 원작 | 장은경 그림 | 12,000원

공부가 되는 유럽 이야기
글공작소 글 | 14,000원

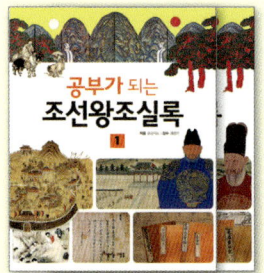

공부가 되는 조선왕조실록 1,2 (전2권)
글공작소 글 | 김정미 감수 | 각 13,000원

공부가 되는 저절로 영단어
다니엘 리 글 | 14,000원

공부가 되는 우리문화유산
글공작소 글 | 14,000원

아름다운사람들

공부가 되는 저절로 고사성어
글공작소 글 | 15,000원

공부가 되는 한국대표고전 1, 2(전2권)
글공작소 글 | 각 13,000원

공부가 되는 셰익스피어 4대 비극·5대 희극(전2권)
윌리엄 셰익스피어 원작 | 글공작소 엮음 | 각 14,000원

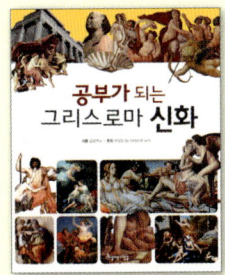

공부가 되는 논어 이야기
공자 지음 | 글공작소 엮음 | 14,000원

공부가 되는 그리스로마 신화
글공작소 글 | 12,000원

공부가 되는 경제 이야기 1,2(전2권)
글공작소 글 | 각 13,000원

공부가 되는 한국대표단편 1, 2, 3(전3권)
박완서 외 지음 | 글공작소 엮음 | 각 13,000원

공부가 되는 로빈슨 과학 탈출기
대니얼 디포 원작 | 글공작소 엮음 | 13,000원

공부가 되는 일등 멘토의 명연설
글공작소 엮음 | 13,000원

공부가 되는 가치 사전
글공작소 엮음 | 13,000원

공부가 되는 안네의 일기
안네 프랑크 원작 | 글공작소 엮음 | 13,000원

공부가 되는 과학 백과 우주
글공작소 글 | 13,000원

공부가 되는 과학 백과 지구
글공작소 글 | 13,000원

공부가 되는 과학 백과 인체
글공작소 글 | 13,000원

공부가 되는 톨스토이 단편선
레프 톨스토이 원작 | 글공작소 엮음 | 13,000원